越南景兴钱

广西钱币学会
广西金融学会 著

中国金融出版社

责任编辑：黄海清
责任校对：刘　明
责任印制：陈晓川

图书在版编目（CIP）数据

越南景兴钱 / 广西钱币学会，广西金融学会著. 北京：中国金融出版社，2024. 11. -- ISBN 978-7-5220-2542-1

Ⅰ. K883. 335. 64

中国国家版本馆CIP数据核字第2024VX0345号

越南景兴钱
YUENAN JINGXING QIAN

出版发行 中国金融出版社
社址 北京市丰台区益泽路2号
市场开发部 （010）66024766，63805472，63439533（传真）
网上书店 www.cfph.cn
（010）66024766，63372837（传真）
读者服务部 （010）66070833，62568380
邮编 100071
经销 新华书店
印刷 河北松源印刷有限公司
尺寸 210毫米×285毫米
印张 12.75
字数 200千
版次 2024年11月第1版
印次 2024年11月第1次印刷
定价 98.00元
ISBN 978-7-5220-2542-1

《越南景兴钱》编辑委员会

策　划：邵广华

总　纂：黄正亮　彭强华

编　撰：邓　克　张达定

摄　影：钟　蔚

前言

PREFACE

越南景兴钱是世界古代钱币研究的重大课题之一。近年来，广西钱币学会、广西金融学会、广西钱币博物馆组织专家学者对越南景兴钱进行研究，取得一定研究成果。

中越货币文化同根共源，同属东方货币文化体系。越南古称安南，公元968年建立第一个统一王朝，国号大瞿越，被北宋册封为交趾郡王，并铸行越南第一枚钱币“太平兴宝”。从此，越南开始了独立铸造方孔钱币的历史。后黎朝（越南史学家称为黎中兴朝，与我国明朝嘉靖到清朝乾隆时期同期）从1533年至1788年历经17位皇帝更迭。景兴是后黎朝时期皇帝黎显宗的年号，黎显宗在位47年（1740—1786年），是后黎朝在位时间最长的皇帝。景兴年间越南广开钱场，大量铸钱。景兴钱在越南古钱币中存世量最大，品种、版式繁多，堪称越南古钱币之最，被泉学界称为“景兴钱现象”。越南历史学家杜文宁先生在《越南古钱币》一书中有这样的论述:“越南在整个封建历史时期几乎没有哪个朝代不使用中国钱。”越南钱币文化深受中国钱币文化的影响，如钱币形制都为方孔钱、都用“方孔兄”来喻指金钱、把铸钱看成皇权象征、钱文多用朝廷年号加上通宝或元宝字样，等等。

钱币是商品经济的产物，其铸行、货币制度及货币职能的发展水平是社会商品经济发展水平的测度表。古越南后黎朝景兴钱作为市场商品交换的媒介，已过去了数百年，特别是景兴钱独具时代特征，钱文上铸有景兴（诸）宝等文字，向我们提供了它本身确切的年代，因此景兴钱的兴衰就是一部浓缩的越南货币史。本书着重从景兴钱铸造、发行、演变及版式等多个维度进行研究，通过景兴钱产生、演变、流通及其兴衰变化，联系当时的政治、经济、文化等情况，探究当时的政治制度、社会经济、科技文化、货币制度等。

随着共建“一带一路”倡议的深入实施，中国与越南经济发展进入了新阶段，以越南景兴钱研究后黎朝的商品经济，有助于我们研究越南当时社会经济发展状况，也可为有关学科科研和教学工作提供借鉴与参考。同时，本书主要从实物入手，共列出1000多个品种和版式，着重对景兴钱的分类及版式进行深入浅出的分析，是目前国内外一部专门研究越南景兴钱的专著。

本书对景兴钱收藏爱好者来讲是一本难得的指导工具书，图文并茂，行文平白，对景兴钱专题研究者也有一定的启迪作用。

编委会

2024年6月

目 录

CONTENTS

第一部分 景兴钱分析

第二部分　景兴通宝版式研究

第一部分

景兴钱分析

第一章　概述

第一节　景兴钱铸行演变

公元18世纪，越南“安南南北朝”末期，后黎朝由权臣郑氏家族把持朝纲，独揽大权。公元1740年（景兴元年），郑氏扶黎维祥之子黎维祧继承王位，史称后黎朝显宗，改年号为“景兴”，在清化始铸景兴通宝铜钱。

一、景兴钱始铸背景

（一）自然经济向商品经济过渡时期经济发展的需要

随着生产力的发展，后黎朝社会自给自足的自然经济形态受到商品经济的冲击，商品交换活动日趋活跃，社会对钱币的需求量与日俱增。朝廷更加重视铸钱，铸钱已成为朝廷经济政策的一部分。景兴年间手工业、采矿冶炼业快速发展，促进了社会分工，全国范围的大市场逐步形成，钱币需求量急剧增加。钱币在经济领域不可或缺的作用日益显现，同时也渗透到社会活动的各领域：“租、庸、调折钱征收，工商税也用钱来支付，薪俸、军饷甚至科举考试都以钱支付。”

1. 越南社会经济的发展主要表现为国内外贸易的扩大；传统手工业、冶矿业也有一定的发展；加上各地经济贸易的交往频繁，一个全国范围内的市场逐渐形成，形成了商品经济对货币的需求。同时，商品经济向广大农村渗透，用货币交地租在许多地区盛行，进一步促使商品经济发展。

2. 后黎朝各种租、庸、调折钱征收，矿税、工商税以钱来支付；朝廷各种军政费开支，如薪俸、军饷，甚至科举考试也以钱支付，货币进入社会生活的各个领域。整个社会对货币的需求增加，客观上助长了景兴钱的无休止滥铸。

3. 景兴时期，随着对外贸易的扩大，后黎朝封建统治阶级需要货币换取大量舶来品、奢侈品，以满足郑氏王族的生活，增大了对钱币的需求。

4. 后黎朝时期战争频繁，军费开支有增无减，大量的铸币仍不能满足庞大的军费开支，导致各地县相继设置钱场，铸造发行景兴钱作为军饷，加大了钱币的滥发力度。

5. 景兴时期长期战乱，大批农民失去土地，背井离乡，能随身携带的财产只有钱币。他们将房屋变卖成景兴钱，做沿路求生之用，这也是景兴钱大量传播的原因之一。

6. 景兴年间，整个社会对货币的需要，刺激了铸币业的发展。景兴初期各地广开钱场，铸币演变成商品生产，加之管理不到位，铸币者为追求利润掺杂、减重，使劣币涌现。这一现象引起朝廷重视，1753年采取措施后得到了扭转。

（二）金、银等贵金属未能充当货币在流通领域发挥作用

金、银等贵金属在民间未能发挥其货币功能，即便是大额交易也多不愿意使用。景兴元年（1740年）朝廷定法银钱通用，但民间并不买账，交易中商家拒收银两，或银子按法定兑换价打折方可成交。史料记载："显宗景兴一年定法钱银通用，自中兴以来，国内专用铜钱，而银不足一批则不用，所以银价有降。到用兵时，多数用银以供饷，商人更减……现才差官负责平抑市价铜钱和银都通用。"可见，朝廷颁布的钱银通用的法令，在民间是受到抵制的。金银难以正常发挥货币作用，朝廷不得不大量铸钱以满足流通之需。景兴初年，各镇纷纷开设钱场，钱场遍地，地方豪强也参与到铸钱中。

（三）国库空虚需大量铸钱充实

景兴初年爆发大饥荒，国库耗尽，国力向弱。然而战事不断，朝廷既要忙于镇压各地起义，又要征讨南阮政权。大饥荒已使景兴朝的经济停滞，而战争又需要大量的财力来支撑，朝廷唯一的办法就是大量铸钱，以维持战事之需。朝廷腐败挥霍无度，中秋节单制作宫灯就要耗费黄金上万两。朝廷只有通过大量铸钱来搜刮民脂民膏，维持开销。

二、景兴钱铸行变化

（一）景兴钱铸行的第一个时期：1740—1760年（景兴元年至景兴二十一年）

由于讨伐阮氏战争频繁，军政费用有增无减，大批的铸币仍不能满足庞大的军费开支需求，百废待兴，社会对货币大量的需求，进一步促进了钱币铸造业的发展，进入了"景兴钱"时期。后黎朝所铸行的"景兴钱"是越南历史上铸钱最多、品种最繁、版式最杂、钱制最混乱的货币。

公元1740年（景兴元年）至1770年（景兴三十一年），30余年间，农民起义席卷越南各地，如阮阳雄、黎维榕、阮蓬、阮选、武廷铬、阮有求、阮名芳、黄文质等人领导的起义。

景兴二年（1741年），自然灾害引发大饥荒，百姓扶老携幼外出逃荒，田地荒芜、饿殍遍野；仅外路就有3691个村庄成了空壳村（全村几乎都外出逃荒）。物价飞涨，一贯钱不够买一餐米（参见杜文宁《越南古钱币》），只有大量铸钱来维持市场的流通。景兴初年，各镇纷纷开设钱场。朝廷原本想通过对各钱场铸钱制定不同样式的钱样，对其铸钱质量进行追溯。但由于多头管理，钱样形同虚设，地方与民间钱场不按规定，减重铸钱或大量掺入低值金属铅与锌以牟取暴利，以至于后来朝廷不得不关闭各地钱场，严禁民间私铸钱。癸酉（1753年）七月，朝廷撤销各地钱场。朝廷认为："各镇铸钱大多过滥，过薄小，所以下令撤销，只保留京畿日昭、求筧二厂，由大臣管理。"

（二）景兴钱铸行的第二个时期：1760—1786年（景兴二十一年至景兴四十七年）

1760年（景兴二十一年），后黎朝在各地私铸屡禁不止的情况下，被迫承认地方铸钱合法性。为防止滥铸，朝廷设置官吏督造，并要求各地铸钱都铸上标记，以便监督和核查。"置钱场监督，始置官监督日昭、厘桥钱场及山西、太原诸场，令各诘别，以防滥薄。"强化铸币的管理，并于癸巳（1773年）五月"定律禁偷铸钱，揭发经查实的，揭发人可获赏资官职"（参阅《越史通鉴纲目》）。

景兴末期，是黎显宗在位四十七年中政局激烈动荡的时期。景兴初期那种虚假的繁荣已随着不断的封建王朝战争和农民起义而消失。经济残破、豪强并起，民不聊生、王权旁落，成为景兴末期的历史特征。

朝廷被迫承认地方豪强设场铸钱的既成事实，削弱了中央王朝独揽铸发货币的特权。失去中央皇权权威的加持，钱币的金属价值自然属性越发凸显，铸币演变成特殊商品的生产。各地钱场或将地名、吉字铭于钱币的宝文，形成景兴诸宝钱；或将地名铭于钱背，形成背文钱。这一做法，既出于官府对钱币质量管控的要求，也体现钱场对商誉的追求，形成了后世泉家所说的“景兴钱现象”。景兴诸宝钱，是越南货币发展史上的一个特殊现象，是社会动荡、皇权衰落的产物。品类繁多的景兴钱，在世界货币发展史上也是少有的。

纵观景兴朝，铸钱经历两次放开的过程。第一次放开是在1740年到1753年7月，朝廷将铸币权第一次放开，允许各地开钱场铸币。由于对地方钱场铸币管理措施不到位，地方钱场不按样币质量标准铸币，掺杂、减重以牟取更大利益。朝廷于1753年7月下令撤销各地钱场，收回铸币权。

迫于流通领域钱币需求和与地方利益集团博弈的双重压力，1760年朝廷不得不再次放开铸币权。而这一次放开后，朝廷对各地钱场派驻了官员督造。记铸地的景兴背文（纹）钱，以及景兴诸宝钱，是区分不同钱场的标识，而这些钱中的背文（纹）则是同一钱场不同钱炉或不同督造官的标识。这样做是为了对钱币追溯问责，保证钱币质量。这些举措是有效的，从存世的景兴钱中也能得到印证。“小、薄、丑”的钱确有存在，但占比并不多。

（三）景兴钱铸行体制的历史地位

铸钱是皇权的宣示，实行中央和地方铸币双轨制，意味着皇权的削弱和旁落。景兴朝虽然不是首创，但这种双轨制的铸行体制在景兴年间被演绎到了极致，预示后黎朝已走向衰亡。

从当时社会经济状况分析，这一铸行体制还是利弊共存的。

有利的是：

1. 及时有效地缓解了当时钱币供应量不足的矛盾。

2. 缓和了朝廷中央集权与地方利益集团的矛盾。

3. 钱币回归了金属价值的属性，避免钱币金属价值超过币值而引发民间毁钱铸器现象。同时也为铜钱和锌钱同时流通、和谐并存创造了条件。

弊端是：

1. 削弱了中央集权，动摇了王朝统治的政治基础。

2. 如管理不善，地方钱场易出现滥铸（如景兴初年）。

景兴钱双轨制的铸行体制及其成功的监管经验得到后朝（特别是阮朝）的沿袭和借鉴。

三、景兴钱在古代中越贸易中使用情况

在中越长期经贸活动中，有相当数量的景兴钱混杂在我国的钱币中。这一情况尤以清朝为甚。乾隆末年，就有“小钱如水涌出，贩者马骡重载”之说法。《清史稿·食货志》记载：“至道光年间，闽广杂行光中、景兴、嘉隆诸夷钱，奸民利之。辄从仿照。”据有关资料统计，整个清末流通的铜钱中，旧钱和外国铜钱所占的比例达5%，厦门一带，仅越南钱就占总流通量的40%以上，在台湾地区也占13.6%，甚至在北京附近乡村，四川、重庆等地均有越南的光中钱、景兴钱流通。

在道光年间大量越南景兴钱的流入，引起清朝官员的警觉。1828年（道光八年），御史张曾上奏指出："风闻广东省行使钱币，内有光中通宝、景盛通宝，两种最多，间有景兴通宝、景兴巨宝、景兴大宝，嘉隆通宝，谓为夷钱，掺杂行使，十居六七，潮州尤甚，并有数处专使夷钱者。"

1829年（道光九年）正月十六，两广总督李鸿宾奏称，"臣查粤东各属多系滨海，向与外夷各国通市贸易。该夷商等每遇零星买卖，贪图便利，辄以带来之光中、景盛、景兴、嘉隆等项夷钱，掺杂行使，以致日积日多"（李鸿宾《请严禁外国轻钱流入》）。

1836年（道光十六年）9月间，御史黄仲容再次奏报，海船自南澳大汕头、奄埠等处偷运景兴钱、光中钱。这些奏报明确记载了越南景兴诸钱流入我国的史实，证明这个时期的越南铜钱不仅流入广西，而且流入广东、福建、江浙乃至内地省区。

第二节　景兴钱留存情况

一、景兴钱在越南留存情况

越南后黎朝景兴钱作为市场商品交换的媒介，已有二百多年的历史，由于它独具时代特征，特别是景兴钱的钱文上铸有景兴（诸）宝等文字，它本身确切的年代烙印，有助于研究当时的社会经济发展情况。景兴钱耐蚀性强，性质稳定，流传至今。它在干燥空气中性质稳定，保存原样；处在湿气中，才在表面生成绿色的碱性碳酸铜（俗称铜绿）；由于南方气候潮湿燥热，钱币中的杂质氧化呈红色与铜锈混杂在一起，称为"红绿锈"。也因地质酸性的不同，氧化程度有明显的不同。入土年份越久，锈片堆积越厚，有时绿锈板结，形成小粒，呈小块状的突起，十分坚硬，称为"硬绿"。

（一）墓葬留存

由于景兴钱的耐蚀性强，性质稳定，不易被腐蚀，在地下留置多年，古墓中棺椁及竹木器尽毁，而古币仍存，考古出土的随葬铜钱保存至今。

（二）窖藏留存

1. 由于货币匮乏，历代统治者不排除使用前朝的钱币，这也是景兴钱仍然大量留存的重要原因。

2. 在兵荒马乱的战争年代，时有不易携带而以窖藏之。这些窖藏的古钱，躲过了因改朝换代而被销熔的命运。

（三）藏家留存

越南景兴钱大量存世。到了景兴末年，景兴铜钱一枚兑换三枚锌钱，而锌钱不易保存，故民间大量存留景兴铜钱。

二、景兴钱在中国留存情况

我国与越南接壤，在彼此频繁的商品交易中互有钱币流通。而且，地处内陆的新疆地区虽然远离越南，相互间也没有直接的贸易往来，但伴随新疆和中原地区商品交换也流入了少量的越南景兴通宝钱。

（一）在广西留存情况

《清史稿·食货志》记载："至道光年间，闽广杂行光中、景兴、嘉隆诸夷钱，奸民利之。辄从仿照。"据有关资料统计，整个清朝流通的铜钱中，旧钱和外国铜钱所占的比例达5%。

（二）在台湾留存情况

据资料分析，在台湾，越南钱总流通量也占13.6%。

（三）在广东留存情况

1828年（道光八年），御史张曾上奏指出："风闻广东省行使钱币，内有光中通宝、景盛通宝，两种最多，间有景兴通宝、景兴巨宝、景兴大宝，嘉隆通宝，谓为夷钱，掺杂行使，十居六七，潮州尤甚，并有数处专使夷钱者。"

1829年（道光九年）正月十六，两广总督李鸿宾奏称，“臣查粤东各属多系滨海，向与外夷各国通市贸易。该夷商等每遇零星买卖，贪图便利，辄以带来之光中、景盛、景兴、嘉隆等项夷钱，掺杂行使，以致日积日多”（李鸿宾《请严禁外国轻钱流入》）。

1836年（道光十六年）9月间，御史黄仲容再次奏报，海船自南澳大汕头、奄埠等处偷运景兴钱、光中钱。这些奏报明确记载了越南景兴诸钱流入我国的史实。

（四）在四川留存情况

据资料记载，四川、重庆等地均有越南的光中钱、景兴钱流通。

（五）在湖南留存情况

1990年12月，湖南益阳县大泉乡出土的古铜钱中也发现了景兴通宝、景兴泉宝等。这些情况说明景兴钱也曾在湖南地区流通使用。

（六）在福建留存情况

《清史稿·食货志》记载：“至道光年间，闽广杂行光中、景兴、嘉隆诸夷钱，奸民利之。辄从仿照。”

（七）在新疆留存情况

据统计，新疆发现的越南钱币主要有：

1. 新疆奇台古城遗址出土4枚，其中，景兴通宝2枚、永寿通宝2枚。

2. 1986年，在乌鲁木齐头屯河一带建筑施工时，曾出土一批清代钱币，其中掺杂有十多枚越南钱币，主要是景兴通宝、景兴大宝、景兴至宝等。

3. 新疆文物商店收藏有7枚越南钱币，其中，景兴通宝3枚、永寿通宝3枚、嘉隆通宝1枚。据工作人员介绍，这几枚越南钱币都是近年从乌鲁木齐二道桥一带居民手中收集来的。

4. 木垒县民族博物馆收藏有3种越南钱币，即景兴通宝、景盛通宝、光中通宝。

5. 吉市文物管理所收藏有3枚越南钱币，其中，景兴通宝2枚、永寿通宝1枚。

6. 1986年夏，邱德美在奇台县废品收购站发现景兴通宝、景兴巨宝各2枚。

新疆出土发现的越南景兴钱多集中在乌鲁木齐及其附近地区，仅解释为因一般的贸易关系而流散进来恐不全面，清朝乾隆年间曾迁移一部分越南人来新疆屯田，存在这部分人随身携带的可能。

第三节　景兴钱研究现状

一、已经出版有关景兴钱的书籍

后黎朝末期显宗黎维祧继位，改元为“景兴”，凡四十七年。公元1740年，后黎朝显宗刚继位，就在南方清化地区开始铸造发行景兴通宝钱。景兴通宝钱是后黎朝时期发行量最大、钱品形制最繁、钱料最杂、钱文书法最多、铸造场地最广的钱币之一。在世界货币发展史上称之为“景兴钱现象”，引起钱币界、史学界长期关注，被众多藏家学者关注与研究。

1. 越南，吴士连等《大越史记全书》，陈荆和编校，东京大学东洋文化研究所印刷。

2. 越南，范廷琥《雨中随笔》，载《越南汉文小说丛刊》，第二辑，第五本，台湾学生书局，1992年。

3. 越南，黎贵《抚边杂录》，1776年。

4. 无名氏《南天珍异集》，载《越南汉文小说丛刊》，第二辑，第四本，台湾学生书局，1992年。

5.《明史》，中华书局，1974年。

6. 越南，阮祐《高平实录》，越汉喃研究院藏本，编号A1129，仙胶事录条；栋麟寺条；圆明寺条；江州祠禄条；天和事迹条；栋麟寺条。

7. 越南，陈重金《越南通史》，中译本，商务印书馆，1992年。

8.《清实录》，圣祖实录，卷二；圣祖实录，卷五；圣祖实录，卷一一一。高宗实录，卷二二三；高宗实录，卷二三七；高宗实录，卷二五五；高宗实录，卷一九九；高宗实录，卷四O二；高宗实录，卷八八O；高宗实录，卷八八四；高宗实录，卷八九三；高宗实录，卷一O四六。

9. 越南，范安甫《高平记略》，越汉喃研究院藏本，编号A999。

10. 中国，陈荆和《朱舜水<安南供役纪事>笺注》，载《香港中文大学中国文化研究所学报》第一卷，1968年。

11. 越南，黎成麟《莫朝年表》，载越《汉喃杂志》（越文版）1997年第一期。

12. 中国，台湾中央研究院编《明清史料》庚编，第一册，中华书局影印本，1985年。

13. 中国，王锡棨《泉货汇考》。

14. 中国，丁福保《古钱大辞典》，1984年。

15. 日本，三浦吾泉《安南泉谱》，1963年。

16. 法国，帝兹·拉先华《安南古币学》，1990年。

17. 越南，杜文宁《越南古钱币》，1992年。

18. 中国，广西钱币学会、云南钱币学会《越南历史货币》，1993年。

在中国清代，收藏大家王锡棨在《泉货汇考》中就有景兴钱的研究及图录。

1936年，中国泉界泰斗丁福保在《古钱大辞典》中介绍了不少古越南景兴钱。《古钱大辞典》是较早研究景兴钱的力作之一。

1963年，日本三浦吾泉《安南泉谱》出版了越南历代千品钱币圈录，是一部近代对景兴钱研究影响较大的专著。

1990年，法国帝兹·拉先华出版较具规模的《安南古币学》，其中景兴钱有80多枚，不失为一本有参考价值的书。

1992年，越南社会科学院、史学院杜文宁《越南古钱币》出版发行，这是一本系统、全面介绍越南古币研究的专著，其中景兴钱有46种。

1996年，中国广西钱币学会、云南钱币学会联合出版《越南历史货币》一书，其中仅景兴钱就介绍了160种版式各异的钱币。

二、近期景兴钱研究课题成果

后黎朝景兴钱在我国（特别是广西）流传的数量很多，这为我们的研究提供了十分有利的条件。

我们搜集到的不同时期后黎朝景兴钱，有朝廷铸和地方铸的钱，也有私人翻铸的景兴通宝钱及景兴诸宝钱，选出了1000多个品种及版别。

景兴钱种类之多、钱号之繁、版式之杂，在世界货币发展史上实属罕见，并为后世泉家所关注。“景兴钱现象”是后黎朝末期越南封建社会经济发展的必然结果，它冲击着越南长期自给自足的封建自然经济。由于后黎朝承认各地铸钱的合法性，公开允许客商铸钱，要准确地区分越南景兴钱，不仅需要掌握一定的辨别钱币的质地、色泽、炉别及产地等专业知识，而更重要的是，需要通过接触大量的实物，在反复比较，研究其钱币宝文、纪地纪值、币材等因素的实践过程中，了解景兴钱的时代特征和个别特点，积累感性认识，从其形制、钱文及书法中寻找鉴定甄别的规律。古越南各个时期的钱币形制很多，最典型的后黎朝显宗时期铸的景兴钱，除通宝外，有巨宝、大宝、内宝、用宝、重宝、中宝、泉宝、永宝、顺宝等，多系纪地及铸场，又有背文庚申、辛酉、壬戌等纪年，山南、山西等纪地，钱文还有真、隶、篆三体品类等多种。通过比较鉴别，研究越南景兴钱与我国钱币的异同，越南景兴钱大致有以下几大特征：

1. 自从丁部领首铸太平兴宝年号钱之后，宝文成为越南钱币文字结构的主要组成部分，景兴钱宝文有太、至、顺、大、中、巨、永、用、正、泉、内、重之分，反映其民族特点和制钱风格特征，这些钱文提供了钱币的产地、币值以及铸造年代等史实。

2. 纪铸地是安南钱币的重要特征之一。景兴二十一年间，朝廷承认各地开场铸钱合法性。对此，越南史学家潘辉注评议说，“经铸作之权委客商，其法未为尽善”。各地纷纷铸钱，导致私铸泛滥，背穿上下多以地名铸钱场等。各地地名有北、西、太、太原、山西、山南等。钱背后一般平夷且薄，轮廓不清为多。

3. 由于私铸盛行，制作材料以劣质黄铜为主，因冶炼水平低，铸造钱币以铜色昏暗兼带黑者较多（特别是后期）。

4. 钱币肉薄而文字平浅，文字歪斜不规范，钱小而文字模糊不清，常有误笔和错字，反映出其制作的特定历史条件及工艺水平。

5. 越南后黎朝时期，曾铸造景兴通宝大钱。这些大钱发行并不是为了流通使用，而是作为一种赏功或某种纪念特制的钱币。至于是否参与过流通，过去有观点认为，景兴朝后期，因为军政费用开支过大，最终以1枚大钱比60枚小平钱兑换率进入了市场流通。这一观点值得商榷，理由如下：

（1）景兴朝的钱币是以金属价值为基础的钱币，钱币的金属价值与币值相当。如果钱币的金属价值明显低于币值，市场是不接受的，无法参与流通。

（2）实测景兴通宝背一两大钱，其重量为34.5克，与10枚小平钱的重量相当。如果说大钱参与流通，绝不可能当60枚小平钱，只能当10枚小平钱。景兴通宝背一两既可看成纪重钱，也可看成纪值钱。因一两等于10钱，古代“钱”字既可做重量单位，也可做钱币数解。

（3）从后世阮朝嗣德通宝背准60文纪值大钱的当值来看，“准60文”指的是当60枚锌钱，即一枚嗣德通宝准60文大钱兑换60枚锌钱，而不是铜钱。

经过分析研究，结论更倾向于景兴大钱不做流通用，即使能参与流通，其当值也只能是一枚大钱兑10枚小平钱。

不论是否为流通而铸，景兴朝都开了越南铸大钱的先河，为后世所效仿。

6. 后黎朝允许各地开设钱场，默认私铸钱合法，“随便开场熔铸”便一哄而起，使“恶薄丑滥”的私铸钱蔓延难抑。这一分析基本上符合历史事实。越南的私铸钱，都是在王朝衰落，失去对铸币控制之后才出现的。越南铜料不足，在各个不同的历史时期，统治阶级时而毁铜币铸铜器，时而熔铜器铸铜钱。不同时间、不同地点，甚至不同钱炉中，以掺进不同比例的其他金属成分来减轻钱的重量，这是越南景兴铸钱轻而薄的历史根源。

7. 越南统治阶级不拒前朝钱币，不拒外来钱。凡是方孔圆钱，都能合法流通。古代越南货币原无本位可言，铜钱无论大小均是以枚计值，钱的数量越多、重量越轻，铸造者获利越大。这既是越南景兴铸钱泛滥的主要原因，也是越南名目繁多的私铸钱币赖以存在的社会基础。

8. 后黎朝景兴锌钱（白铅钱）是在特定的历史条件下的产物，以其成本低、易铸价廉、易毁难存等特点进入流通领域，并为其大规模发展作了充分的准备。锌钱的出现，作为铜钱的补充，缓解了后黎朝货币不足的问题。

总之，越南景兴钱虽不乏铸造精美之作，但多为粗劣，制作水平较低，钱形小而字平。具体鉴别越南景兴钱，除综合上述特征外，还应分析各种版式。部分粗制滥造的劣币要准确地区分出私铸或公铸，鉴定时切忌主观武断。

第二章　景兴钱书法赏析

第一节　景兴钱的书法艺术

日本的宽永钱、朝鲜的常平钱以形制之版别见著，而越南景兴钱则以钱文及书法见长。在越南历史上铸量最大、版式最繁、种类最多的景兴钱，除了还未发现整个钱币文字采用草书外，其他书体全部包罗。景兴钱有篆书、隶书和魏碑体、行书、宋体、楷书等。景兴通宝面文书体以楷书为主，还有隶书、篆书、行书、杂书（两种书体以上掺杂）等书体。面文四个字的书写中又有不同的变化。

景兴钱的书法，大部分的文字笔画结构还是合乎规范的，“篆贵圆、隶贵方”（见郑杓《衍极》），景兴钱的很多篆书和隶书都能依照章法去运笔。许多景兴通宝钱的“景兴”二字写得结体扁平，属于典型隶书。行书钱文写得较为一般，楷书钱文写得多姿多彩。其中有文笔清丽、字画瘦劲，有雍容大度，有文笔秀美、章法严谨，更有笔法刚健规整。总之，如此丰富多彩的景兴钱文是任何其他年号之越南钱所少见的。

古越南钱币沿用了唐代开创的四字“宝文钱”的惯例，因此景兴钱行用方孔钱钱文上均有“宝”字。繁体的“宝”字写成“寶”（俗称“缶宝”）或“寳”（俗称“尔宝”），由上部的宝盖头、中部左右并列的王部和缶部（或王部和尔部）以及下部的贝字三部分构成。从笔画数来看，上部宝字盖3画，中部王部和缶部10画（王部和尔部9画），下部贝字底7画。“缶宝”的“寶”字笔画数总计20画，“尔宝”的“寳”字笔画数总计为19画。“宝”字是景兴钱四字钱文中笔画最烦琐的。而从“宝”字自身来看，其中间部分的笔画则最为烦琐。

景兴钱文上的篆书体“宝”字与通常的“缶宝”或“尔宝”写法迥然不同的版别数量并不多，它们的共性是都对“宝”字繁多的笔画进行了或多或少的简化。越南景兴钱品种数量非常大，书体繁多。

一、景兴通宝楷书钱的钱文书法艺术

（一）景兴通宝楷书（泉界俗称真书）钱多为官方所铸，字迹工整，布局匀称，具有后黎朝圣宗时期洪德通宝钱之遗风，如景兴通宝正面为楷书背有文字的钱，尤其是背“京”钱。“京”字即记京城“升龙”（今河内）。

（二）景兴通宝楷书钱的钱文，景兴通宝的“宝”字，绝大多数中部是“王”和“尔”组合，少数下部为“勾足宝”，在宝字末笔回勾千姿百态，版别之多难以胜数。还有少数简体“宝”。有收藏越南钱币的泉家，收藏到景兴通宝背梵文“长寿”钱，该钱是难得一见的珍品。景兴通宝背梵文“长寿”书体的出现，说明了后黎朝时期越南受佛教文化的影响。

二、景兴通宝宋体钱的钱文书法艺术

景兴通宝宋体钱，仿宋体的“景”字，有的中横划收笔右挑，俗称“挑景”，或下部“小”字的中竖勾，俗称“勾景”。

景兴通宝宋体钱背多为文字纪地钱，其中，背“西”“太”“北”“中”等皆为各地钱场铸造。

景兴通宝背“中”为中都府（辖京畿二县）的钱场铸造，其字迹工整，布局匀称，为官方所铸。

景兴通宝背“工”为升龙（今河内）京城工部钱场铸造，其字迹工整，布局匀称，为官方所铸。

景兴通宝背“西”为西道府（辖清化、义安地区）钱场铸造，其字迹工整，布局匀称，为官方所铸。

景兴通宝背“北”为北道府（辖北江、谅山地区）钱场铸造，其字迹工整，布局匀称，为官方所铸。

景兴通宝背“山西”为今黄连山省钱场铸造，其字迹工整，布局匀称，为官方所铸。

景兴通宝背“山南”为今宣光地区钱场铸造，其字迹工整，布局匀称，为官方所铸。

景兴通宝背“太”为今太原市钱场铸造，其字迹工整，布局匀称，为官方所铸。

景兴通宝背“帛”字钱比较特殊，其不是纪铸造的钱场，而是取“帛”字意。“帛”字代表“绢帛”，因为古代绢帛丝绸曾作为货币使用过，所以绢帛丝绸就是财富的象征。

景兴通宝背梵文“长寿”钱，是难得一见的珍罕品。景兴通宝背梵文“长寿”书体的出现，是后黎朝时期受佛教文化影响的表现。

景兴通宝背“京”钱，面文正楷书。京即京城升龙（今河内）。由此可知，楷书钱是在京城钱场铸造的。绝大部分的文字笔画结构还是合乎规范的。

大部分仿宋体能依照章法运笔。字体较佳，“宝”字繁写，有“缶”宝、“尔”宝之分。具有东方钱币文字艺术造型的美学因素，加上书写的丰富表现力和遵循造型的规律性，产生内容丰富的艺术感染力。我们认为景兴背文钱符合书法艺术规律。

三、景兴通宝隶书钱的钱文书法艺术

景兴通宝隶书钱活泼、端庄、秀丽，富有变化。景兴通宝隶书钱中，“景兴”二字字体扁平，属于典型隶书。绝大部分的文字笔画结构规范，“隶贵方”，景兴钱的全部隶书能依照章法运笔。“景”字极佳，“通”字又仿篆书，景兴通宝隶书钱大多数为宽缘。

四、景兴通宝篆书钱的钱文书法艺术

景兴通宝篆书钱雍容大方，古朴高雅。景兴通宝篆书钱，文字笔画结构规范，“篆贵圆”。景兴钱的很多篆书基本能依照章法运笔，属于标准的篆书。但有一些景兴通宝篆书钱中有多种缺笔少画的。“景”字省略了笔画，改“日”作“口”，“京”字上横无点。“通”字不作走之，而作篆体字的“足”旁，“用”字下面封口，故曾被人误认为“诵”字。“宝”字多为长冠“宝”，还有双王“宝”、阔“宝”、狭“宝”、斜“宝”等之分。

五、景兴通宝行草书钱的钱文艺术

（一）景兴通宝行书钱存世量很少。钱文字体布局端正平稳又不失灵动，运笔流畅、自然舒展，折以成方，转以成圆，钩挑牵丝相互呼应，虚实相济，节奏韵律感强。

（二）越南行草书钱始于陈朝绍丰年间，陈朝以后，铸钱基本采用楷书体，后黎朝铸有少量永寿通宝草书钱。因此，越南的行草书体古钱币弥足珍贵。

景兴通宝行草书钱的发现，使景兴钱成为越南古钱币中书法门类最齐全的钱币。

（三）一种存在争议的景兴通宝行书钱。这种钱的“景”字下部分写成“水”，“兴”字的左右两边用两点简化替代，这类钱俗称“水景”，有单点通、双点通、工头通、三角头通等多种版式，存世量较大。

一些文献把这类钱当作行书钱介绍；有观点认为，此类钱钱文稳重有余，灵动不足，少了流动的行书风格，尤其是“景”字的上部书写，是活脱脱的楷书运笔风格，不能算作严格意义上的行书钱。

第二节　景兴钱杂书

在越南历史上铸量最大、版式最繁、种类最多的当数后黎朝的景兴钱。在一枚钱上，有几种书体并存，俗称杂书钱，杂书钱始于越南陈朝裕宗的绍丰元宝、绍丰通宝。景兴通宝杂书钱，钱文繁杂，文体不规范，字形各异，有一字多体，一钱多种书体，实属罕见。在各种书体的结构形态中，虚与实、收与放、疏与密并存。

景兴通宝杂书钱，有隶、篆二体共存，有楷、行二体共存，有楷、篆二体共存，这些钱都铸得比较精致，是早期的铸造。景兴钱中，相当一部分的钱文，书写时恣意纵情，以至于点画失度、体类杂，应是晚期铸造。

一、景兴通宝篆、隶杂书钱

二、景兴通宝楷、行杂书钱

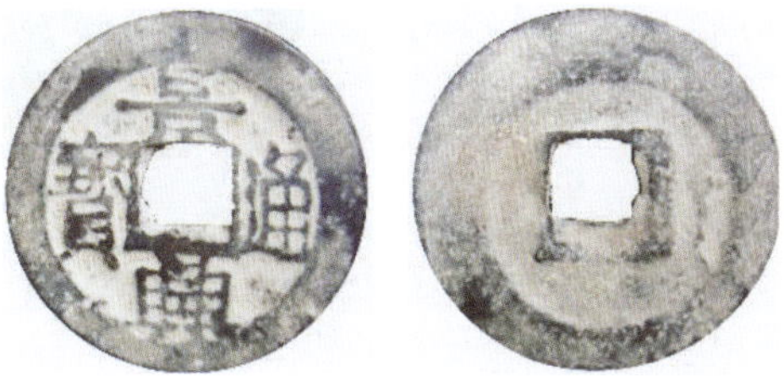

三、景兴通宝面文楷书、背文篆书钱

第三节 景兴钱异书

景兴二十一年，朝廷承认各地开场铸钱合法性。景兴通宝异书钱皆为工匠体，钱文繁杂，文体不规范，字形各异，以至于点画失度、体类杂乱。钱背平且薄，轮廓不清。景兴通宝异书钱钱币肉薄且文字平浅，文字歪斜不规范，钱小而文字模糊不清，常有误笔和错字。

一、景字异书

“景”字下部写成“水”。

二、兴字异书

兴字上部两侧写作两点（见上图），或减笔。

三、宝字异书

宝字下部简化，俗称“贯玉宝”。

第三章　景兴钱分类

公元1740年，黎维祧登基，改元为“景兴”年号。1740—1762年（景兴元年至景兴二十三年），先后铸行了大量不同版式的景兴钱，正面冠景兴通宝四个汉字，对读。背为光背、背字、背星、月图纹等。景兴通宝是后黎朝时期发行量最大、发行时间最长的年号钱，于黎显宗景兴元年（1740年）就始铸，后各地均有铸行。除官方铸造外，还有大批私铸，可谓“钱场遍地”、公私不分、真伪难辨。公元1753年（景兴十四年）7月，朝廷下令废除各地钱场，留下京畿内的日昭、求览钱场，目的是集权中央，防止景兴钱日趋滥造。但是此举成效甚微。1760年朝廷承认各地钱场合法性。

钱场不一、钱模不一，一场多炉、一炉几模，再加上私铸难禁，公私争铸，钱场众多，使得景兴钱品种繁多，堪称世界货币史上之最，且版式杂乱，一钱异书、一版多式，背文繁多。对景兴钱品种、版类、版别、版式的分类，是研究景兴钱的重要内容之一。对此，我们作了一定的探索。

第一节　版种

景兴钱一般分两大品种：一是景兴通宝钱，二是景兴诸宝钱。

一、景兴通宝钱

钱面有“景兴通宝”四个字。

二、景兴诸宝钱

钱面有“景兴x宝”四个字。有12种景兴诸宝：“内中泉、巨太重、永顺至、正大用”。

第二节　版类

按材质分类分为景兴铜钱、非铜景兴钱。

一、景兴铜钱

用铜铸造的景兴钱。

二、非铜景兴钱

用锌、铅、铁、银等非铜材料铸造的景兴钱。

景兴通宝锌钱

景兴通宝铅钱

第三节　版别

景兴钱的版别，是指各铸地、铸场所铸钱币的形制、钱文名称、背文、背图纹在设计方面不同的版类。

一、按形制分：常钱、大钱、小间钱

（一）常钱

景兴钱常钱，又称为小平钱。

参数：直径 24 毫米，厚 1.1 毫米，重 3.6 克左右

（二）大钱

景兴通宝大钱，又称为景兴通宝赏功钱。

参数：直径 39.4 毫米，厚 3.9 毫米，重 34.5 克左右

（三）小间钱

泛指当值低于常钱（小平钱）二分之一的小铜钱。直径22毫米左右，厚0.8毫米左右，重2.2克左右。

二、按钱背分：光背、背纹、背文

（一）光背

（二）背纹

（三）背文

1. 纪年：庚申、壬戌、丁卯。

2. 纪铸地、纪铸场：背“京”“帛”“中”“北”“西”“山西”“山南”“太原”等。

3. 纪值：背一两。①

三、按穿廓分：大小廓、大小穿

（一）大小廓比较

例如，左图的背廓比右图的宽。

（二）大小穿比较

例如，左图的穿比右图的大。

① 参考上页第二组图。

景兴钱版式分类图

- 景兴钱
  - 景兴通宝
    - 景兴通宝（铜钱）
      - 一、景兴通宝（光背）
        - 官铸
          - 大型景兴通宝
          - 小型景兴通宝
        - 私铸
          - 景兴通宝小平钱
          - 景兴通宝小间钱（水上漂）
      - 二、景兴通宝（背纹、背文）
        - 景兴通宝背纹
          - 景兴通宝背“星”
            - 单星
            - 双星
          - 景兴通宝背“月”
        - （以上：杂书、篆书、隶书、行书、楷书、工匠书）
        - 景兴通宝背文
          - 景兴通宝背纪年
            - 背“一”字
            - 背“二”字
            - 背“三”字
            - 背“庚申”
            - 背“辛酉”
            - 背“壬戌”
          - 景兴通宝背纪地
            - 背“工”字
            - 背“中”字
            - 背“京”字
            - 背“中”字
            - 背“帛”字
            - 背“北”字
            - 背“西”字
            - 背“昌”字
            - 背“山西”
            - 背“山南”
            - 背“太原”
      - 三、景兴通宝大花钱
        - 景兴通宝背纹大钱
          - 大型光背大钱
          - 小型光背大钱
        - 景兴通宝背文大钱
          - 景兴通宝背文纪年大钱
            - 背“元”字
            - 背“壬戌”
            - 背“丁卯”
          - 景兴通宝背文纪地名
            - 背“山西”
            - 背“山南”
              - 楷书
              - 隶书
          - 景兴通宝背文纪重大钱
            - 背“一两”
              - 楷书
              - 隶书
              - 工匠书
        - 景兴通宝背纹大钱
          - 背飞龙图
          - 背祥凤图
          - 背飞凤图与鲤鱼图
          - 背飞龙图与鲤鱼图
          - 背鱼图与纹饰
    - 景兴通宝（锌钱）
      - 景兴通宝（锌钱）
  - 景兴诸宝
    - 景兴诸宝（锌钱）
      - 景兴巨宝（锌钱）
      - 景兴大宝（锌钱）
    - 景兴诸宝（铜钱）
      - 景兴内宝
        - 长“内”字
        - 短“内”字
      - 景兴中宝
        - 大“中”字
        - 小“中”字
      - 景兴太宝
      - 景兴永宝
      - 景兴正宝
      - 景兴用宝
      - 景兴重宝
      - 景兴大宝
        - 大字
        - 小字
        - 背“北”字
      - 景兴巨宝——光背、背星、背“一”字
      - 景兴泉宝
      - 景兴至宝
      - 景兴顺宝
        - 楷体
        - 工匠书大小两种

第四章　非铜类景兴钱

从币材上看，景兴钱大多是铜制，也有不少是铜锌合金，另外还铸有不少的锌钱、铅钱、少量的铁钱和银钱。

第一节　景兴通宝锌钱

景兴通宝锌钱是后黎朝在不能保证货币供应的情况下，大规模以锌代铜铸钱，采用廉价的贱金属铸行的。各地为开辟财源、牟取暴利，滥铸景兴通宝锌钱。

锌钱最早出现在莫朝，后黎朝末期断断续续铸造，景兴年间锌钱流通日益普遍。特别是1578年以后，广南阮氏政权及后裔阮氏王朝200多年间长期铸行，使其成为继铜钱之后主要流通货币。阮朝圣祖阮福晈称“铅钱之用，富户既不敢私藏，而邻国来商又不敢带回，此钱流通非但利于民，亦利于国，乃自然之利也。”锌钱有成本低、易铸价廉、易毁难存等特点，特别适应购买力低、经济活跃度低的社会。“景兴钱现象”之一，就是铜锌钱混杂流通使用。

后黎朝有200多年处在南北对峙时期。景兴七年（1746年），南方阮王准许进口荷兰的锌料，铸仿宋朝“祥符”钱样的锌钱，并下令通用锌钱，锌钱与小间钱等值流通。而北方的景兴朝小平钱与小间钱的兑换比是1∶2，小平钱与锌钱的兑换比是1∶3，折算成小间钱，2枚小间钱可兑换3枚锌钱。由于南方、北方的铜钱和锌钱在当值上存在较大差距，而南方和北方都不拒绝使用外来钱币，钱贩子看到商机，从北方收购景兴通宝锌钱，贩运到南方兑换成铜钱牟取暴利。广南、顺化两地的铜钱几乎都被清义、山南的钱贩子以船贩运到北方。南方几乎无铜钱可用，不得不使用锌钱。

景兴通宝锌钱在越南锌钱存世量中的占比不高，但不能因此得出景兴朝没有大量铸造锌钱的结论，从南方铜钱被大量贩运到北方的这一史实看，景兴通宝锌钱铸量不少。景兴通宝锌钱存世量不能反映出当时的铸造量，可以从锌钱的出土地点解释。北方与南方气候、土壤情况存在很大差异，北方出土的锌钱多为石灰锈，南方出土的锌钱为黄泥锈。石灰锈没有黄泥锈板结得那么瓷实，筒子钱容易拍开；黄泥锈筒子钱几乎拍不开，即便拍开也会造成大量的破损。所以我们收藏的锌钱几乎都是石灰锈，也就是说绝大多数是北方出土的。

景兴通宝锌钱，铭文对读，多是楷书，钱径23毫米左右，厚1.1毫米左右，重量3.4克左右，光背。布局匀称，大小适中，数量较多，从铸造工艺上来看，应为官炉所铸。视其风格，与景兴通宝真书光背钱如出一辙。

一、单点工头通尔勾宝

二、单点工头通尔宝

特征：低冠宝

特征：低俯冠宝脚平廓

特征：低俯冠宝

特征：低凹冠宝

特征：低仰冠宝

三、单点三角通

特征：俯冠宝低通

特征：俯冠宝高通

特征：低冠宝低通

特征：低冠宝低俯头通

特征：低俯冠宝

四、双点工头通

特征：低冠宝

特征：低俯冠宝

五、双点三角通

特征：高俯冠宝

特征：低冠宝

六、背山西

第二节　景兴诸宝锌钱

1762年《钦定越史通鉴纲目》记载，“景兴二十三春，置钱场监督，始置官监督日昭、厘桥钱场及山西、太原诸场，令各诘别，以防滥薄”，从而产生“景兴诸宝钱”，进入景兴诸宝钱的时期，以铸地名讳命钱名。

第三节　景兴铅钱

景兴铅钱系私铸钱，文字纤弱，与私铸的锌钱相仿，多为私铸锌钱者大量掺铅所致。

一、景兴通宝铅钱

特征：低仰冠宝

特征：平冠宝

特征：低冠宝

特征：俯冠宝

二、景兴诸宝铅钱

第四节　景兴铁钱

越南陈朝、后黎朝、莫朝曾短暂铸行铁钱；景兴年间也铸铁钱，时间在1753年以前朝廷对钱场及铸钱管理失控时期。越南古代民间不愿使用铁钱，铁钱通常出现在特殊的历史时期，流通时间不长，停止流通后绝大部分被毁铸器，加之铁钱不易保存，存世量极少。马定祥在《历代古钱图说》中批语：“凡安南铁钱，均珍。”

第五节　景兴银钱

景兴年间铸造银钱主要用于赏赐，而非流通，因此铸量很少，存世景兴银钱难觅。《戴葆庭集拓中外钱币珍品》一书著录一品景兴通宝背壬戌大银钱。

第五章　景兴钱面文版别

景兴钱种类、版式很多，以大小可分为景兴常钱（小平钱）、景兴大钱和景兴小间钱。

第一节　常钱面文版别

景兴通宝钱文规范，厚薄均匀，质量较好。钱径一般在23毫米以上，厚度1.1~1.3毫米，重量不低于3克。钱文多是楷书，布局均匀，雄健有力，与后黎朝“延宁通宝”“洪德通宝”“景统通宝”“端庆通宝”等钱一脉相承。

景兴通宝面文书体以楷书为主，还有隶书、篆书、行书、杂书（两种书体掺杂）等书体。面文四个字的书写中又有不同的变化。

一、“景”字书写的主要变化特征

景字一横有挑笔，且有左挑右挑之分，俗称“挑景”。景字下部“小”字竖直笔也有竖笔与左勾之分，后两笔多用踢笔（捺），而且有长短之别。

二、“兴”字书写的主要变化特征

“兴”字上部中间部位有出头、平头之分，另有首笔第一“撇”较长，且有长短之别，俗称“出头兴”“平头兴”“撇兴”。

“兴”字中间部位有“目”“工”“巨”之书写变化，俗称“目兴”“工兴”“巨兴”。

“兴”字下部一横挑笔者，俗称“挑兴”。

“兴”字末笔亦有回勾，也有长短之别。形式多样的“兴”字应是当时民间广泛流传的风气，充分反映了景兴通宝钱时期的文化习俗。

三、“通”字书写的主要变化特征

景兴通宝钱“通”字，从走之旁“辶”，头部书写分有单点、双点、连点三种，钱文书体以楷书为主，占通宝钱的多数，“通”字的“甬”字部首有“マ”头、“夕”头、“ュ”头变化，俗称“三角通”“夕通”“工头通”，但是按书法字体分出隶书、篆书体的通宝钱，“通”字又可分出“三横”“已”“彐”字等书体变化，俗称“三横通”“已字通”“彐字通”。

四、“宝”字书写的主要变化特征

景兴通宝钱“宝”字书写主要变化有“王尔”“王缶”，俗称“王尔宝”“王缶宝”，还有“珍宝”“双王宝”等。

“宝”字末笔有回勾与不回勾的变化，俗称“勾宝”或“踢脚宝”，下横有长短之分。按书法字体分还有草书、隶书、篆书体的“宝”字，还有“长冠宝”“中冠宝”之别，还可分出简体字的“简宝”和草书体的玉字宝，俗称“贯玉宝”。

景兴通宝钱面文这些字体大都交互组合形成众多版式。钱文四个字不同结构和组合，基本上反映的是不同铸地、钱场、炉别。

上述景兴通宝钱四个字的不同变化组合，其书法特点、币材合金成分不同，厚薄不均，成就了景兴通宝钱纷繁众多的版式。

第二节　大钱面文版别

景兴通宝大钱，又称景兴通宝赏功钱，其直径30毫米以上。景兴年间，军费、俸禄开支很大，加上贸易交换的需要，“铸钱彼广”。景兴通宝赏功钱中的光背钱非常少见，因为景兴通宝赏功钱多是作为军功赏功用或军事胜利的纪念钱，不是为流通而铸造发行。

景兴赏功钱分光背钱和背文钱。

景兴通宝大铜钱正面铭文有三种书法：

一是楷书，字迹工整，但稍显呆板。

二是隶书，字迹粗犷，“通”字异体，贝字下横出头，“兴”字下八字内勾，显得生机勃勃，字迹隽秀，布局匀称，极美。

三是篆书，字体刚健，多为宽廊、重轮，铸造十分精美。

这些景兴通宝赏功钱铸造不多，存世较少，后世多有仿铸。

第三节　小间钱面文版别

景兴小间钱存世并不多，除了景兴通宝光背钱外，景兴通宝背“工”和景兴顺宝小间钱少见。

越南小间钱铸行发展史

小间钱（俗称“小钱”、“水上漂”或“水漂钱”），当值低于常钱（小平钱），直径约22毫米，厚度约0.8毫米，重量阮朝前约为小平钱的一半、阮朝时约为小平钱的三分之一。小间钱是商品经济发展催生的产物，小间钱的出现使流通更为便利，市场更活跃。

《大越史记》中有莫朝铸小间钱的记载。从存世的小间钱分析，后黎朝初期的光顺年间，已铸行“光顺通宝”小间钱。陈朝是否铸行过小间钱待考，存世的陈朝年号的小间钱，很可能为阮朝时期铸造。

小间钱的面文大多采用仿中国年号加“通宝”或“元宝”，这些钱为后黎朝末期的广南地区和阮朝时期所铸造。极少部分的小间钱面文中有越南的年号，这些钱形制规整，我们研究分析认为属当朝官铸钱，这是基于越南古代不同时期的商品经济发展状况作出的判断。

小间钱的当值变化：锌钱出现前，小间钱是最小面额的钱币，两枚小间钱兑一枚常钱。锌钱出现后的一段时间，小间钱与锌钱等值，同为最小面额的钱币，与常钱的兑换比都是2:1。到了景兴年间，小间钱的当值仍是两枚小间钱兑一枚常钱，锌钱的当值为三枚锌钱兑一枚常钱。而南方的阮王辖区仍维持小间钱与锌钱等值流通。阮朝时期常钱、小间钱锚定锌钱，锌钱为基础钱币单位，一常钱当六锌钱，一小间钱当二锌钱。

小间钱的铸行体制。初时小间钱为官铸的当朝年号钱，铸量不多，而且断断续续，不是每个年号都有铸。一是商品经济还不够发达，流通中对小面额的钱币需求量不大；二是朝廷铸小间钱在物耗成本上相较于常钱要高，因此也不愿多铸。

到了后黎朝末期，阮王管辖的广南地区大量铸“大平”“安法”小间钱，且允许地方豪强带资铸钱。后来阮朝时期沿袭了广南阮王的小间钱铸行体制，由民间带资在朝廷钱场铸小间钱，形成官铸常钱，民铸小间钱的双轨制铸行体制。

景兴小间钱。景兴通宝小间钱存世量不多，且多为光背，背工少见。除背“工”字外，目前尚未发现其他背文钱；景兴诸宝小间钱存世量稀少，且只有“景兴顺宝”一种，目前尚未发现其他诸宝钱品种。

第六章 景兴钱背文、背纹版别

景兴通宝的背文钱十分复杂。除了纪“干支”年代，又有纪钱场、纪铸地。日本三浦吾泉说：“纪文变化之多是安南钱中最大的，很难掌握其全貌。”

景兴通宝背铸地名钱，也许是受中国清代制钱的影响。所不同的是，清钱背用满、汉文，而景兴通宝背字则采用汉字纪铸地。背纪铸地的钱，都设专职官员督造，尽管铸地不一，但都比较规范，正面铭文多是楷书，质量一般。背纪铸地的文字，单字者，或上或下，双字者基本上是右左排列。

景兴通宝（铜钱）分光背、背纹、背文三个类别。景兴通宝背字又分背字纪年、纪铸地、纪铸场三类，纪铸地也分背“京”、背“中”、背“北”、背“西”、背“山西”背“山南”、背“太原”等。而背字又分大、小、长、短等诸多版式。

第一节 背文

一、纪干支

景兴通宝背“庚申”，即为景兴元年（农历庚申年，公元1740年）铸造，“庚申”二字右左对读，楷书。背“元”，为景兴元年（1740年）所铸。

特征：双点工头通尔宝勾景目兴

特征：双点工头通尔宝勾景巨兴

景兴通宝背“壬戌”，即景兴三年（农历壬戌年，公元1742年）铸造，“壬戌”二字上下对读，楷书。这些景兴通宝背干支钱，正面铭文多为隶书。每一个干支钱又有版式上的区别。

特征：大钱

景兴背干支钱的共同点表现为，背“庚申”钱二字是右左对列，其余的“辛酉”“壬戌”“丁卯”等背文都是上下对列。这表明景兴初年，后黎朝对于铸发货币有一定的规定及标准。

二、纪数字

景兴通宝纪年背铸“一”“二”“三”等数字，其中，背“一”较多，背“二”“三”较少。这些背数钱，也是纪年代，即景兴元年、二年、三年，与“庚申”“辛酉”“壬戌”对应。

（一）景兴通宝背下“一”

背“一”尔宝、缶宝常见，珍宝稀少。

1. 单点工头通

（1）单点工头通尔宝勾景巨兴

（2）单点工头通尔宝挑勾景挑兴

特征：低冠宝

特征：俯冠宝

（3）单点工头通缶勾宝勾景巨兴

特征：大样低仰冠宝低通
参数：直径 26 毫米

特征：低仰冠宝高通

特征：低冠宝

特征：低仰冠宝低通

（4）单点工头通珍宝勾景巨兴

2. 单点三角通尔宝勾景巨兴

特征：低冠宝高俯头通

特征：俯冠宝高通

特征：低冠宝低通

特征：平冠宝高头俯通

特征：平冠宝平通底平廓

特征：平冠宝高通

特征：平冠宝平通底高廓

特征：低俯冠宝平通

特征：低俯冠宝高通

特征：俯冠宝俯头通

特征：平冠宝脚平廓平通

（二）景兴通宝背上“一”

单点工头通缶勾宝挑景挑兴。

特征：低仰冠宝低通背短“一”

特征：低仰冠宝低通背长“一”

（三）景兴巨宝背上“一”

特征：高冠宝

特征：低冠宝

特征：平冠宝

特征：俯冠宝低巨尾高廓

特征：低俯冠宝

特征：俯冠宝低巨尾低廓

（四）景兴通宝背“三”

背“三”存世量稀少。

1. 单点7头通尔宝勾景挑兴

2. 单点工头通尔宝直景挑兴

特征：低冠宝脚平廓

特征：低冠宝脚高廓

3. 双点工头通尔宝挑景目兴

特征：平冠宝高通

三、纪地名

1742年（景兴三年）后，后黎朝中央铸币厂铸造的纪铸场的景兴通宝钱出现，该等币背纪铸钱场的文字。1753年（景兴十四年），后黎朝为防止滥造，下令查禁各地钱场，仅保留京城内两个铸钱厂，各地铸钱虽然稍有收敛，但禁铸并未完全奏效。1760年（景兴二十一年），面对屡禁不止的各地私铸钱币，后黎朝显宗被迫承认各地铸钱厂。实际上，从景兴十四年到二十一年，非朝廷铸钱从未断绝，仅仅是“不合法”而已。同年（景兴二十一年），山西道先开禁，各地纷纷效法。从1760年（景兴二十一年）至1762年（景兴二十三年），后黎朝钱禁大开，各地方钱场公开铸钱，并在钱背上加铸地名。

1. 景兴通宝背“工”，工部所铸。
2. 景兴通宝背“山西”，最早，楷书，即为山西镇铸造。
3. 景兴通宝背“太原”，篆书，为太原镇所铸。
4. 景兴通宝背“京”，即京都升龙（辖京畿二县）所铸。
5. 景兴通宝背“北”，即北道府（辖北江、谅山、太原）所铸。
6. 景兴通宝背“西”，即西道府（辖清化、义安、新平、顺化）所铸。
7. 景兴通宝背“中”，即中都府（辖京畿二县)所铸。
8. 景兴通宝背“山南”（今宣光地区）。
9. 景兴通宝背“帛”（一说帛为钱帛寓意，一说帛为铸地，待考）。
10. 景兴通宝背“太”，为太原镇所铸。

(一) 背“北”

背“北”存世量不多，景兴大宝背“北”尤珍。

1. 景兴大宝

特征：目兴

特征：巨兴

2. 景兴通宝

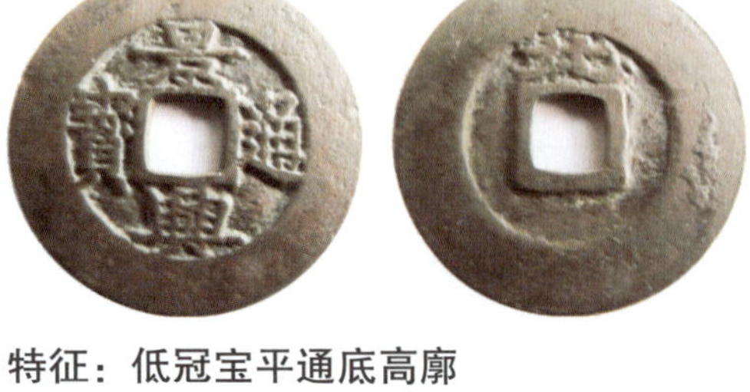
特征：低冠宝平通底高廓

特征：低冠宝平通底低廓

特征：低冠宝平通底平廓

特征：低俯冠宝平通底高廓

特征：低俯冠宝低通底平廓

（二）背“帛”

背“帛”存世量不多，上“帛”为稀。

1. 上“帛”

特征：高俯冠宝

特征：平冠宝

2. 下“帛”

（1）单点工头通尔勾宝勾景巨兴

特征：低仰冠宝

特征：低冠宝

特征：仰冠宝

（2）单点工头通尔勾宝勾景挑兴

（3）单点工头通尔宝勾景巨兴

特征：俯冠宝低通

特征：低冠宝平通

（4）双点工头通尔宝

特征：俯冠宝高通

特征：俯冠宝平通底低廓

特征：低俯冠宝平通

特征：俯冠宝平通底平廓

特征：低冠宝平通

（三）背“京”

1. 单点7头通尔宝勾景巨兴

特征：低冠宝脚高廓

特征：低俯冠宝低通

特征：低凹冠宝脚高廓

特征：低俯冠宝平通

特征：低冠宝脚平廓平通

特征：低冠宝平通

特征：低冠宝脚平廓高通

2. 单点工头通尔宝勾景巨兴

特征：低冠宝俯头通

特征：低俯冠宝低通

特征：低冠宝低通

特征：低俯冠宝俯头通

3. 单点三角头通尔宝勾景巨兴

特征：低冠宝背移范

特征：低俯冠宝低通

特征：低仰冠宝低通

特征：低俯冠宝高通

特征：低冠宝脚平齐

特征：低冠宝低高脚

4. 单点夕头通尔宝勾景巨兴

特征：低冠宝脚平廓低通

特征：低俯冠宝低通

特征：低冠宝低通

特征：低俯冠宝高通

（四）背“山南”

景兴通宝背“山南”存世量不多。

1. 双点三角通尔宝挑勾景挑兴

特征：低俯冠宝平通

特征：低俯冠宝低通

2. 双点三角通尔宝勾景挑兴

特征：俯冠宝

3. 双点三角通尔宝勾景巨兴

特征：高俯冠宝平通

特征：高俯冠宝高通

特征：高凹冠宝

特征：高俯冠宝脚平廓

（五）背“山西”

1. 单点通

（1）单点工头通尔宝勾景巨兴

特征：高俯冠宝高通

特征：高冠宝平通

特征：高仰冠宝平通

特征：高冠宝平通仰曰景

特征：粗笔高俯冠宝高通

（2）单点工头尔宝直景巨兴

2. 双点通

（1）双点工头通尔宝直景挑兴

特征：高俯冠宝

特征：高冠宝

特征：平冠宝

（2）双点三角通尔宝勾景挑兴

（3）双点三角通尔宝挑勾景挑兴

（4）双点三角通直景巨兴

（六）背“太”

单点三角通尔宝勾景巨兴

特征：低俯冠宝

特征：低仰冠宝

特征：低冠宝脚平廓

特征：低冠宝低通底平廓

特征：低冠宝低通底低廓

（七）背“太原”

景兴通宝背“太原”为景兴钱中珍品。

（八）背“西”

特征：低俯冠宝平通

特征：低冠宝脚高廓低通

特征：低冠宝脚平廓低通底高廓

特征：低冠宝脚平廓平通

特征：低冠宝脚平廓低通底平廓

（九）背“中”

1. 背上“中”

（1）单点7头通尔宝勾景挑兴

特征：平冠宝平通

特征：高俯冠宝高通

特征：耸肩冠宝低通

（2）单点7头通尔宝挑直景巨兴

特征：高冠宝平通

2. 背下“中”

（1）单点7头通尔宝挑勾景挑兴

特征：高俯冠宝低通

特征：高凹冠宝平通

（2）单点7头通尔宝勾景挑兴

（3）单点三角通尔宝勾景挑兴

特征：低仰冠宝高通

特征：仰冠宝低通

特征：低俯冠宝高通

特征：耸肩冠宝平通

（4）单点夕头通尔宝勾景巨兴

特征：低冠宝高通

（十）背“工”

1. 单点工头通尔宝

（1）单点工头通尔宝勾景巨兴

特征：高俯冠宝高俯头通

特征：高俯冠宝高通

特征：低冠宝高弯头通

特征：俯冠宝平通

特征：低冠宝高通

特征：俯冠宝高通背侧“工”

特征：俯冠宝高俯头通

（2）单点工头通尔勾宝勾景巨兴

2. 单点三角通

（1）单点三角通尔宝勾景巨兴

特征：高俯冠宝高俯头通底低廓

特征：俯冠宝高通底平廓

特征：低俯冠宝高通

特征：低俯冠弯贝宝高通

特征：高俯冠宝高通底高廓

特征：俯冠宝高通点平廓

特征：高俯冠宝高通底低廓

特征：低冠宝低高脚高通

特征：低冠宝高低脚高通背“工”上短

特征：低冠宝高低脚高通背“工”上长

特征：平冠宝高通

（2）单点三角通尔宝挑勾景巨兴

特征：凹冠宝高通

（3）单点三角通尔宝挑勾景挑兴

特征：低俯冠宝高通背侧“工”

（4）单点三角通尔宝勾景挑兴

特征：高俯冠宝低高脚高俯头通

特征：高俯冠宝高低脚高俯头通

特征：俯冠宝高通

(5)单点三角通尔勾宝勾景巨兴

特征：低俯冠宝高仰头通

特征：俯冠宝高通

特征：低俯冠宝高通

特征：低冠宝高仰头通

(6)单点三角通尔勾宝挑勾景挑兴

特征：低冠宝高通

(7)单点三角通尔勾宝直景目兴

3. 双点7头通

双点7头通尔宝挑勾景挑兴。

特征：平冠宝高通

特征：仰冠宝高通

特征：低冠宝低通

4. 双点工头通

（1）双点工头通尔宝勾景工兴

（2）双点工头通尔宝勾景巨兴

特征：俯冠宝平通

特征：高冠宝高通

（3）双点工头通尔宝挑勾景挑兴

特征：俯冠宝平通

特征：高俯冠宝高通

特征：平冠宝高通

5. 双点三角通

（1）双点三角通尔宝勾景工兴

特征：低冠宝高通

特征：低冠宝低通

（2）双点三角通尔宝勾景巨兴

特征：低俯冠宝高俯头通

特征：低俯冠宝高通

特征：高冠宝高通

（3）双点三角通尔宝挑勾景巨兴

特征：俯冠宝俯头通

特征：低俯冠宝高通底低廓

特征：低冠宝平通

特征：低俯冠宝高通底平廓

特征：低冠宝低通

（4）双点三角通尔宝挑勾景挑兴

特征：高冠宝平通

特征：低俯冠宝低通

特征：平冠宝低通

第二节　背纹

景兴年间背纹钱不多，主要是星纹，“x”纹只在巨宝钱中出现；月纹多为流铜所致。背纹主要出现在背廓上、下、左、右的中间部位，也有一些是故意偏离中间的。

背纹的作用与诸宝钱、背文钱不同，它不是区分铸地、钱场的标记，而是用来区分同一钱场不同炉别或不同督造官的标记；其目的是便于对钱币铸造质量的追溯。诸宝钱和背文钱也发现有背纹（如景兴顺宝背“上星”、背“下星”，景兴通宝背“京下星”）。因此我们认为背纹钱的铸造年代在景兴二十一年（1760年），朝廷在各地钱场置官督造之后。

一、背星纹

（一）景兴通宝背星

1. 单点工头通尔宝勾景勾兴

2. 单点工头通尔宝勾景巨兴

3. 单点工头通尔宝勾景巨兴

4. 双点工头通尔宝勾景目兴

5. 双点工头通尔宝挑景挑兴

6. 双点夕头通尔宝勾景目兴

7. 双点工头通尔勾宝勾景目兴

（二）景兴巨宝

巨尔宝直景目兴。

1. 背上星

特征：高俯冠宝

特征：俯冠宝低高脚

特征：俯冠宝高低脚

特征：俯冠宝低高脚

特征：平冠宝低高脚

特征：平冠宝齐脚

2. 背下星

双点工头通尔宝勾景目兴。

3. 背左星

4. 背右星

特征：平冠宝目平廓

特征：仰冠宝

特征：平冠宝

（三）景兴顺宝

顺尔宝勾景巨兴。

1. 背下星

特征：俯冠宝

特征：低冠宝

2. 背上星

特征：低俯冠宝背高星

特征：俯冠宝背高星

特征：俯冠宝

特征：低俯冠宝

二、背叉

巨尔宝直景巨兴。

特征：平冠宝背下叉

特征：平冠宝背左叉

三、背异纹

有一说为梵文“长寿”，存世量稀少。单点三角通尔宝勾景巨兴。

特征：平冠宝高通

特征：仰冠宝低通

四、背重轮及其他

特征：双点夕头通尔勾宝勾景目兴

特征：单点工头通尔宝勾景挑兴

特征：单点工头通尔宝勾景挑兴

第七章　景兴花钱版式

古代钱币中有一种特殊的钱币，那就是花钱，俗称民俗钱。花钱，其形制类似古钱，但性质非流通币，历来多作为古钱币的一个分支。按其用途大致可分为官钱类、吉语类、宗教类、游戏类、特殊用途类五大类。可用作厌胜（厌伏其人，咒诅取胜）、佩饰、玩赏、游戏、撒帐、洗儿、吉庆、卜卦、殉葬、赏赐、凭信、镇库、纪念、祝寿、挂灯、上梁、系包裹、镇水、性教育等方面。

越南文化是亚太地区古老的文化之一，与其他同样位于中南半岛的国家所不同的是：越南由于在历史上受到中国文化的影响，其文化特征与东亚民族非常接近，是东亚文化圈的一部分。而其他东南亚国家（柬埔寨、老挝、泰国）则更多地受到印度文化的影响。

景兴钱是越南古代后黎朝显宗黎维祧铸造的年号钱，它除了流通行用的小平钱外，还铸造了一些极为少见的景兴通宝大钱。这些大钱应该不是行用的流通钱，因为越南古代铸钱虽然说是效仿中国，但没有似中国那样有一文、折二、折三、折五、折十等多位制。这些大钱应该是专门铸造用来赏玩的花钱。

景兴通宝大钱开启了越南铸造大钱的先河，为后朝铸造大钱作出了典范，例如，后朝的“明命”“绍治”“嗣德”等都铸造了大花钱。越南铸钱源于中国，其文化也深受中国的影响。景兴时代（1740—1786年）处于中国清朝乾隆时期（1736—1796年），景兴花钱的内涵也明显带有中国的元素。如其钱背上有文字平南、一两、元等，天干地支年号壬戌、丁卯等，也有背龙图等图案。本书介绍其大钱共19式：光背大钱2式；背字9式，其中纪重钱1式、纪干支5式、背元2式、背平南1式；背纹8式，其中背龙凤图9式。

第一节　光背大钱

第二节 背字钱

一、纪重钱

特征：景兴通宝背“一两”
参数：直径 39.4 毫米，厚 3.9 毫米，重 34.5 克

二、纪干支

（一）壬戌

特征：景兴通宝背“壬戌”
参数：直径 40 毫米，厚 2.5 毫米，重 18.5 克

特征：景兴通宝背“壬戌”
参数：直径 40 毫米，厚 2.5 毫米，重 18.5 克

特征：壬戌通宝背景兴长尾凤
参数：直径 39.7 毫米，厚 3.9 毫米，重 28.4 克

特征：壬戌通宝背景兴短尾凤
参数：直径 43.9 毫米，厚 3.2 毫米，重 40.1 克

（二）丁卯

特征：景兴通宝背“丁卯”
参数：直径 38.2 毫米，厚 2.4 毫米，重 16.4 克

三、背“平南”

平南，越南无此地名，因此不是纪地名钱；从越南历史来看，应该是在当时南北战争中，北方战胜了南方，战胜者为纪念而铸造，平南即平定南方之意。背“平南”小平钱为景兴钱中珍品。背“平南”大钱为花钱。

特征：一字冠宝
参数：直径 45.7 毫米，厚 2.6 毫米，重 26.5 克

四、背“元”

“元”意为头、首、始、大。此花钱是否意为元年，待考。

特征：景兴通宝背“元”双鱼

特征：景兴通宝背“元”

第三节　背纹钱

景兴花钱多为背龙凤图案，寓意吉祥如意、喜庆祥和。

一、背五尾龙

特征：双点三角通尔勾宝勾景目兴
参数：直径 35 毫米，厚 2.6 毫米，重 15.9 克

特征：双点三角通尔宝勾景目兴重轮
参数：直径 42.3 毫米，厚 2.6 毫米，重 22.6 克

二、背六尾龙

特征：连点工头通尔勾宝挑勾景挑兴
参数：直径 45.7 毫米，厚 2.6 毫米，重 26.5 克

特征：双点工头通尔宝勾景巨兴
参数：直径 45.7 毫米，重 26.98 克

特征：单点三角通尔宝勾景目兴重轮
参数：直径 43.4 毫米，重 19.06 克

特征：单点工头通尔勾宝挑勾景挑兴六尾龙
参数：直径 40.5 毫米，厚 1.8 毫米，重 16.0 克

三、背九尾龙

特征：连点三角通尔宝勾景目兴重轮面星
参数：直径 45.7 毫米，厚 2.6 毫米，重 26.5 克

第八章　景兴诸宝版式

目前发现有12个不同宝名的景兴诸宝钱，计有景兴巨宝、景兴大宝、景兴内宝、景兴泉宝、景兴太宝、景兴永宝、景兴用宝、景兴正宝、景兴至宝、景兴中宝、景兴重宝、景兴顺宝。这些诸宝钱多为光背钱，本章主要介绍诸宝钱中的铜质光背钱，那些背有文字或纹饰钱，如“大宝”背有“上北”，“巨宝”背有“左乂”、“下乂”及背有上、下、左、右星，“顺宝”背有上星、下星等已在第六章介绍。铅钱、锌钱已在第四章中介绍。

景兴诸宝钱目前发现共有12个宝名，各宝名可分两类：除了少部分宝名，如“中宝”“内宝”“太宝”“顺宝”等，用于纪铸地、钱场外；其余大部分宝名为吉语，如“泉宝”“巨宝”“重宝”“永宝”“至宝”“正宝”“大宝”“用宝”等。它们与纪铸地的宝名一样，用于区分不同钱场，便于钱币的质量监管。

从诸宝钱的存世量来看，“中宝”较少，“用宝”罕见。

如此众多宝名的景兴诸宝钱，在越南古钱币史中，可谓前无古人，后无来者，也从侧面印证了“景兴年间钱场遍地”一说。

景兴诸宝钱除了上述12个宝名外，是否还有其他宝名？有一些文章中也提到过发现诸如“之宝”“宋宝”“全宝”之类的钱，从所附图录看，多为“永宝”“至宝”钱文被腐蚀改刻造成的误判。即便如此，也不能武断地说景兴诸宝只有12个宝名钱。

第一节　景兴内宝

景兴内宝之“内”字，意为后黎朝之内帑钱，即国库（皇库、御库、内仓）钱币，为户部所铸，或是由户部内帑厂监铸的钱币。景兴内宝，是景兴诸宝钱中铸量较少、存世不多的一种钱币。“宝”字为简写宝，楷书对读，光背。书体与边缘布局匀称，是泉家较为喜欢的钱币品种。

其版式主要是从“景”字分。“景”字有“直景”和“勾景”之分，“勾景”少。

一、内简宝勾景目兴

二、内简宝直景目兴

特征：低仰冠宝

特征：低冠宝内底低廓

特征：低俯冠宝内底高廓

特征：低俯冠宝内底平廓

特征：低冠宝内底平廓

特征：低冠宝仰底内底平廓

特征：低冠宝内底高廓

第二节　景兴中宝

景兴中宝的“中”字指中都府，以铸地区别于其他的景兴诸宝钱，其除了铜质钱外，还铸有铅质钱。

景兴中宝钱均是简写宝，其数量和版式少，主要版式是看“中”字，有“长中”和“短中”两个基本版式。

中简宝直景目兴

长中

特征：低冠宝

特征：低耸肩冠宝

短中

特征：低冠宝

特征：低俯冠宝

第三节　景兴泉宝

“泉”与“钱”二字相通，寓意钱币源源不断流通，如泉水般涌出。景兴泉宝，有楷书和杂书（掺有篆书“兴”的杂书）两种，光背。其除了铜质钱外，还铸有铅锌钱。

它的版式从“景”字和“兴”字分：“景”字有“直景”与“勾景”之分，“直景”与“勾景”中又有“挑景”和“不挑景”之分，“挑景”少；“兴”字有“工兴”与“挑兴”的不同。

一、泉尔宝挑勾景挑兴

特征：平冠宝

特征：低仰冠宝

特征：低冠宝

二、泉尔宝挑直景工兴

特征：俯冠宝

三、泉尔宝勾景挑兴

特征：低冠宝脚平廓

特征：低冠宝高低脚

特征：低冠宝重轮

特征：低冠宝脚平齐

四、泉尔宝直景工兴

特征：低冠宝

特征：俯冠宝

五、泉尔宝挑勾景工兴

特征：低俯冠宝

六、泉尔宝勾景工兴

特征：低冠宝重轮

特征：低冠宝

特征：低俯冠宝

第四节 景兴巨宝

景兴巨宝的“巨”字意为巨大，价值巨大，应为吉语钱。现发现的景兴巨宝多为楷书，有大字、小字、长、短“巨”之分（《古泉汇考》载有行书版，但至今仍未发现实物），外缘又有阔缘、窄缘的区别；钱径23~25毫米，厚度不一，致使重量从2克到3克以上。文字有异体，“巨”字有的一竖出底很长，作“巨”。“宝”字有“尔宝”和“简宝”之分。

景兴巨宝有光背钱，还有背星、背穿上“一”、背穿右“乂”、背穿下“乂”（非光背钱在第六章介绍）等。由此可知，景兴巨宝不是一地所铸，也不是一模所出；再从其铸钱材料来看，除铜质钱外，还有铅钱、锌钱。

其版式较多，从“宝”字来看有“尔宝”、“尔勾宝”和“简宝”之分。在“尔宝”中其“景”字又有“直景”、“勾景”和“挑勾景”的不同。另外，在“宝”字与内廓的位置变化来看，有“高冠宝”、“平冠宝”、“低冠宝”和“斜冠宝”的区别。

一、巨尔宝勾景目兴

特征：高俯冠宝脚平齐

特征：俯冠宝

特征：高俯冠宝高低脚

特征：低冠宝巨尾平廓

特征：高冠宝

特征：低冠宝巨尾低廓

特征：平冠宝

二、巨尔勾宝挑勾景目兴

三、巨尔宝挑直景目兴

特征：平冠宝

特征：俯冠宝

四、巨尔宝直景目兴

特征：仰冠宝

特征：弯冠宝高低脚

特征：俯冠宝高低脚

特征：俯冠宝低高脚低巨尾低廓

特征：低冠宝脚低廓

特征：低俯冠宝

特征：弯冠宝低高脚

特征：俯冠宝低高脚低巨尾平廓

特征：高冠宝低巨

特征：高冠宝斜低巨

特征：低冠宝脚平廓

特征：平冠宝低高脚巨尾平廓

特征：平冠宝脚平齐

五、巨简宝直景目兴

六、巨简宝直景巨兴

特征：低俯冠宝

特征：低冠宝

第五节　景兴太宝

景兴太宝的“太”字，代表太原府，纪铸地。该钱较近似隶书体，字体工整，行文规范。其除了铜质钱外，还铸有铅质钱。

其版式从“景”字和“兴”字分：“景”字有“直景”和“勾景”之分，“直景”少；“兴”字有“巨兴”与“勾兴”“挑头”的不同。

一、太尔宝直景勾兴

二、太尔宝直景巨兴

特征：低俯冠宝平太

特征：平冠宝高太

三、太尔宝直景挑兴

四、太尔宝勾景巨兴

特征：低俯冠宝低太

特征：低俯冠宝平太

特征：低俯冠宝高太

特征：低冠宝低高脚

特征：低仰冠宝脚平齐

特征：低仰冠宝高低脚

特征：低冠宝脚平廓高太

特征：低冠宝高低脚

特征：低凹冠宝

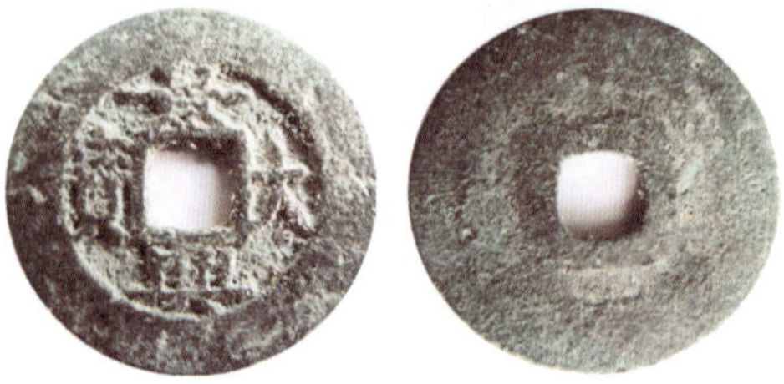

特征：低冠宝脚平廓低太

特征：低弯冠宝

特征：低俯冠宝脚平廓

第六节　景兴重宝

景兴重宝，不是纪重钱，仅钱名而已。此钱“重”字意为硕大、重大，也是夸张的钱名。景兴重宝的版式不少。景兴重宝钱即使是同一地方所铸，也不是一模所出、一炉所铸。这与史料记载的景兴年间“钱场遍地”“铸钱盛”基本相符。各地钱场铸同一铭文的景兴钱，是完全可能的。该钱目前发现10多种版式，可见景兴重宝是长期多次铸造的。其除铜质钱外，还铸有铅锌钱。

其主要的版式可以从其四个字的变化来分：从“景”字分，有“直景”和“勾景”之分，又有“挑景”与“不挑景”的不同；从“兴”字分，有“篆书兴”和"楷书兴”的区别；从“重”字的中部看，又有“横重”与“点重”的不同；从“宝”字与内廓位置的关系看，又有“高冠宝”、“平冠宝”、“低冠宝”和“斜冠宝”的区分。

一、横重

（一）横重尔宝勾景巨兴

特征：高仰冠宝

特征：低俯冠宝脚平齐

特征：低俯冠宝高低脚

特征：俯冠宝高低脚

特征：俯冠宝脚平齐

特征：平冠宝

（二）横重尔勾宝勾景巨兴

特征：高仰冠宝

特征：俯冠宝高重

特征：低俯冠宝高重

特征：俯冠宝平重

（三）横重尔勾宝挑勾景挑兴

（四）横重尔宝挑勾景巨兴

二、点重

（一）点重尔宝直景工兴

特征：平冠宝平重

特征：高冠宝高重

（二）点重尔宝直景巨兴

特征：平冠宝低高脚

特征：高仰冠宝高低脚

特征：低俯冠宝脚平廓

特征：平冠宝高低脚高重

特征：低俯冠宝

特征：平冠宝脚平廓

特征：平冠宝高低脚平重

第七节　景兴永宝

景兴永宝的“永”字为“万世流通”，直到“永远”之含义。中国《诗经》中《周颂·载见》有：“永言保之，思皇多祜。”其版式很多，有10多种。多数为楷书，其“永”字各异，作“求”、作“水”等，故有人误认为“水”或“宋”字。其除了铜质钱外，还铸有铅质钱。

其版式从“景”字、“兴”字和“永”字分：“景”字有“直景”和“勾景”之分，“勾景”又有“挑勾景”和“勾景”的不同。在“直景”中其“兴”字又有“巨兴”与“工兴”的不同。在“勾景”中其“兴”字又有“巨兴”与“挑兴”的不同。在“挑勾景挑兴”中，其“永”字又有“水永”与“曲水永”的不同。

一、永尔宝直景工兴

特征：低冠宝

特征：低俯冠宝

二、永尔宝直景巨兴

三、永尔宝挑勾景挑兴

特征：低仰冠宝平永

特征：低仰冠宝高永

特征：低俯冠宝平永

特征：低俯冠宝高永

特征：低冠宝脚平齐高永

特征：低冠宝脚平廓高永

特征：低冠宝脚平齐平永

特征：低冠宝高低脚平永

特征：平冠宝

四、永尔宝勾景挑兴

特征：低冠宝

特征：低俯冠宝

第八节　景兴顺宝

景兴顺宝的“顺”字是指顺化府，意即为顺化府所铸。楷书对读，轮廓清晰。目前所见有三种五类，多数是光背钱，也有背星者。景兴顺宝除一般直径为24毫米左右外，还有小间钱，本书介绍的一种小间钱只有直径22毫米，厚0.8毫米，重2.2克。据史书记载，公元1771年（景兴三十二年），西山农民起义爆发，两年之后，起义军攻陷顺化。直至公元1775年（景兴三十六年），后黎朝靖都王郑森率部打退西山军，占领了顺化城。公元1776年（景兴三十七年），郑森为支付庞大的军费等，在顺化开设铸币场，将青铜武器、劣质货币及铜铅器皿熔为一炉，铸“景兴顺宝钱三万多缗钱以解燃眉之急”。

景兴三十七年铸的景兴顺宝钱，是后黎朝最后一次较大规模铸钱，从此以后，后黎朝风雨飘摇，虽有零星铸钱，但在史书中没有记载。

景兴顺宝钱主要的版式可以从其“景”字、“兴”字和“宝”字三个字中的变化来分，从“景”字分，有“直景”和“勾景”之分，“勾景”又有“挑景”与“不挑景”的不同。从“兴”字分，有“巨兴”、“目兴”和“挑兴”的区别。从“宝”字与内廓位置的关系看，又有“平冠宝”、“低冠宝”和“斜冠宝”的区分。

一、顺尔宝直景巨兴

特征：低冠宝

特征：低仰冠宝

二、顺尔宝勾景目兴

该钱为小间钱，直径22毫米，厚0.8毫米，重2.2克。钱文真书体，“兴”字为变体字，形制规范，为与景兴顺宝小平钱同一时期铸行的官铸钱。景兴小间钱的存世量少，顺宝小间钱存世量稀少。

三、顺尔宝挑勾景巨兴

长顺。短顺多，长顺存世量少。

特征：高仰冠宝脚平廓

特征：高仰冠宝

四、顺尔宝勾景挑兴

特征：俯冠宝平顺

特征：平冠宝

特征：低俯冠宝平顺

特征：低俯冠宝低顺

特征：俯冠宝低顺

五、顺尔宝勾景巨兴

特征：仰冠宝

特征：低冠宝平顺

特征：弯冠宝

特征：低俯冠宝

特征：俯冠宝低顺

特征：俯冠宝平顺

特征：平冠宝

第九节　景兴至宝

景兴至宝钱文中“至宝”二字为吉语，寓意最珍贵的宝物。这从一个侧面反映出景兴年间商品经济较为活跃，钱币在交换领域的作用越发凸显，为民众所重视，将钱币视为至宝。

景兴至宝存世量不多，版式也不多，版式可分为两大类：一类为“勾景”，另一类为“直景”。

一、至尔宝勾景工兴

特征：低冠宝高至

特征：低冠宝平至

特征：仰冠宝

特征：低冠宝低至

二、至尔宝直景目兴

特征：低冠宝平至

特征：低冠宝低至

特征：低俯冠宝

第十节　景兴正宝

景兴正宝中的“正”字，为“正统”“正宗”之含义，该币存量不大。其版式主要分为“工兴”和“目兴”。

一、正尔宝直景工兴

特征：俯冠宝

特征：低俯冠宝

特征：平冠宝

二、正尔宝直景目兴

特征：低俯冠宝

特征：低俯冠宝目平廓

特征：低冠宝目平廓

特征：低冠宝

第十一节 景兴大宝

景兴大宝中的“大”，不是地名，也不是钱场名，意为“硕大”“重大”。景兴大宝有不少版式。

其版式主要从四个字的变化分：从“宝”字来看，有“繁宝”和“简宝”之分，“繁宝”都是光背的，“简宝”只见背穿上“北”一种。“繁宝”的版式主要是从“景”字和“兴”字来分，“景”字有“直景”与“勾景”的不同，“兴”字从其中部来分有“目兴”和“巨兴”的不同。另外有一种阔缘钱，字体较小。这些实物表明，景兴大宝仅是钱名而已。

一、大尔宝直景巨兴

特征：平冠宝

特征：低冠宝

二、大尔宝直景挑兴

特征：俯冠宝

特征：低冠宝

三、大尔宝勾景巨兴

特征：高俯冠宝

特征：低冠宝高低脚

特征：高冠宝

特征：低冠宝脚平齐

特征：低俯冠宝

四、大尔宝直景巨兴

特征：低冠宝

特征：平冠宝

特征：低俯冠宝

五、大尔宝直景目兴

特征：平冠宝脚平齐

特征：平冠宝低高脚

特征：平冠宝目平廓

特征：俯冠宝

特征：俯冠宝目平廓

第十二节　景兴用宝

景兴用宝，意为“通用”、永久“致用”，也仅是钱名而已，是景兴钱中存世量最少的，也是一种自我夸耀的钱名。其面文只有“直景”一种。其版式从“兴”字分，有“巨兴”与“目兴”的区别。

一、用尔宝直景巨兴

二、用尔宝直景目兴

第二部分

景兴通宝版式研究

第九章　景兴通宝版式分析

古钱币中不同的版式是由铸造时采用不同的母钱制作钱范而形成的。这些不同和差异铸造出钱来就形成不同的版式。钱的直径大小以及厚薄也是区别版式的依据。越南古代铸钱的一般规律是初时较为厚重，后逐渐轻薄。因此，直径大于25毫米的大样钱，都可视为景兴朝初期所铸。本书收录的景兴钱较多，无法对每枚逐一测量称重，仅对存世量较为稀少的品种标注称量数据，望读者见谅。

个别版式是当年有意而为，用于区分不同的铸地、钱场、钱炉，以便对铸钱的质量追溯（如钱文采用不同书体、同一字采用不同的写法，钱背加不同的文字或纹饰。景兴钱还效仿我国南宋嘉定宝文钱的做法，铸行景兴诸宝钱）。本章着重研究讨论光背景兴通宝常钱（小平钱）。背文（纹）钱、诸宝钱已在第六章和第八章介绍。

古钱币的版式里蕴含着当年钱币铸造的一些信息，通常版式越多，其当年铸钱的钱场越多、铸次越多；铸行的量也越多。景兴钱版式如此繁多，本书就整理出1000多个版式，从一个侧面印证了景兴年间“钱场遍地”之说。

本书中所提的高低是以内廓中上、下廓为标准，有三种情形：平廓、高廓与低廓。书中提到的“平”“俯”“仰”也是以内廓中的上廓为参照物，“平”即与上（下）廓平（行），不平行者即斜。“斜”有两种状况：左低右高者为“俯”，左高右低者为“仰”。另外，在谈到“宝”脚时，有几种情形要注意，有“左低右高”“左高右低”“平齐”三种，都是与其两脚的高低作比较。

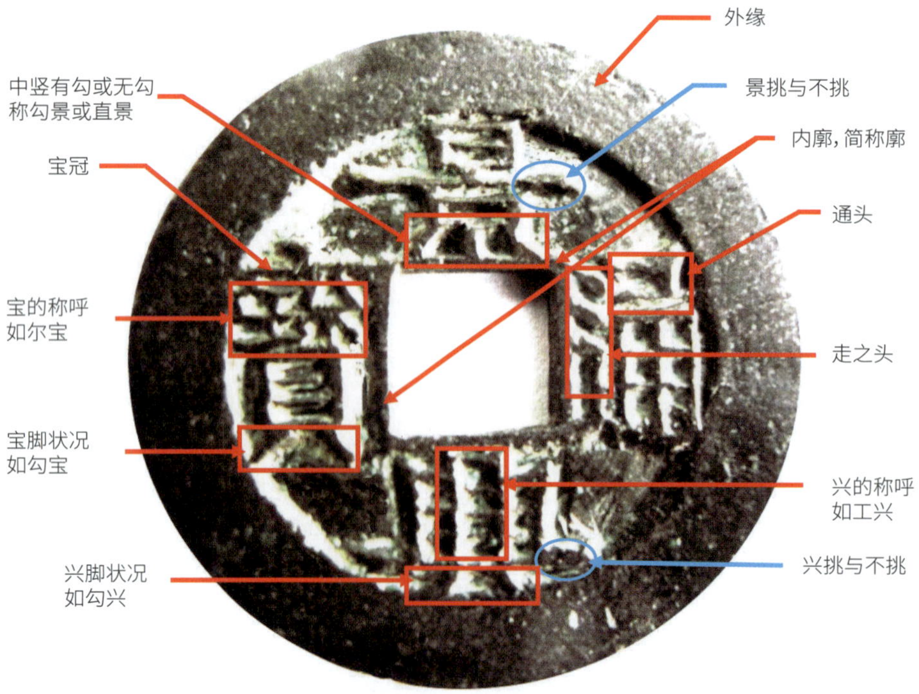

景兴通宝图解

第一节 景兴通宝钱文变化

景兴钱版式分类是景兴钱研究的重点和难点之一。由于铸行时间长、铸造钱场多（官铸、私铸均有）、钱文书写不规范等原因，景兴钱形成了繁多的版式，这对收藏者而言是兴趣点，对研究者而言则是挑战。

就光背常钱（俗称小平钱）而言（其他种类另文叙述），钱文“景兴通宝”四字的书写有多种变化。

“景”字：京字上方的一横有挑与不挑的变化；下方的小字中竖有勾竖与直竖的不同。

“兴”字：兴的一横有挑与不挑的变化；下方的两点有勾点与不勾点的变化；兴字中间部位书写有从“目”、从“工”、从“巨”的变化。

“通”字：通字走之旁的头部有单点、双点、三横、连点、己字、彐字六种变化；通字的甬字部头部有ユ头、三角头、夕头、7头、口头五种变化。

“宝”字：有长冠和短冠的变化；短冠又有简体、繁体、草书变体等变化；短冠繁体根据其宝盖头下、贝字上方部位，又有双王、珍字、王缶、王尔等变化，右下点的书写还有勾脚与不勾脚的变化。

除此之外，还有许多小变化，如字体大小，字体对应内廓的位置关系，通字中的甬部有封底、长勾、短勾、无勾的变化，宝字下面两点有平脚、高低脚、八字脚、人字脚等变化，景字中下面小字的左点有远点、近点的变化等。

第二节 景兴通宝版式分类步骤

景兴通宝版式分类的要点，是对通字、宝字、景字、兴字四个字笔画变化的主要特征，逐级依次展开，建立分类纲目。

第一步：根据“通”字走之旁头部的变化建立一级目录。一级目录有6个子项，分别是：单点通（见图2）、双点通（见图3）、三横通（见图4）、连点通（见图1）、己字通（见图5）、彐字通（见图6）。

图1

图2

图3

图4

图5

图6

第二步：根据一级目录中不同的6个子项，与“通”字中甬字部头部的五种变化，即コ头（见图7）、三角头（角头）（见图8）、夕头（见图9）、7头（见图10）、口头（见图11），组合成二级目录。二级目录共有17个子项。单点通的二级目录有4个子项，分别是单点7头通、单点コ头通、单点三角头通、单点夕头通。双点通的二级目录有4个子项，分别是双点7头通、双点コ头通、双点三角头通、双点夕头通。三横通的二级目录有2个子项，分别是三横7头通、三横コ头通。连点通的二级目录有4个子项，分别是连点7头通、连点コ头通、连点三角头通、连点夕头通。己字通的二级目录只有一个子项：己字コ头通。彐字通的二级目录有两个子项，分别是彐字コ头通、彐字口头通。

图7

图8

图9

图10

图11

第三步：根据二级目录中不同的17个子项，与“宝”字的主要八种变化，即长冠宝（见图12、图13）、简体宝（见图15）、贯玉宝（见图16）、双王宝（见图14）、王缶宝（含勾足王缶宝）（见图17、图18）、珍字宝（见图19）、勾足王尔宝（尔勾宝）（见图20）、王尔宝（见图21）（后四种为繁体短冠宝的变化特征），组合成三级目录。三级目录有37个子项。其组合方式方法与第二步相同。

图12

图13

图14

图15

图16

图17

图18

图19

图20

图21

第四步：根据三级目录中不同的37个子项，与“景”字中京字上方的一横挑与不挑，以及京字下方小字中竖勾与不勾所组成的四种变化，即挑直景（见图22）、挑勾景（见图23）、直景（见图24）、勾景（见图25）组合成四级目录。四级目录有68个子项。其组合方式方法与第二步相同。

图22

图23

图24

图25

第五步：“兴”字先看兴字一横挑与不挑，挑者为挑兴；不挑者再看下面两点勾与不勾，勾者为勾兴；不挑不勾者则看兴字中间部位书写从目、从工还是从巨。这是“兴”字的五种变化：挑兴（见图26）、勾兴（见图27、图28）、目兴（见图29、图30）、工兴（见图31、图32）、巨兴（见图33）。根据四级目录中68个不同的子项与兴字上述五种变化组合成五级目录。五级目录共有130个子项。其组合方式方法与第二步相同。

图26

图27

图28

图29

图30

图31

图32

图33

第六步：上述五步分出的五级目录中130个不同的子项，实际就是景兴通宝光背小平钱的130个大版式。在此基础上，还可根据面文四字与内廓的位置对应关系，以及字体中某些笔画特征的不同进一步细分成小版式。本章共收录景兴通宝光背小平钱745个版式的图录。

第十章 单点通

单点通共有四大类：单点7头通、单点コ头通、单点三角头通、单点夕头通。

第一节 单点7头通

单点7头通只有尔宝一类。单点7头通尔宝有勾景和直景两小类。

一、单点7头通尔宝勾景

（一）单点7头通尔宝勾景巨兴

特征：低俯冠宝

特征：平冠宝

特征：高冠宝

特征：高俯冠宝

特征：凹冠宝

（二）单点7头通尔宝勾景挑兴

特征：高冠宝高低脚

特征：高冠宝脚平齐

特征：平冠宝

特征：凹冠宝

二、单点7头通尔宝直景

单点7头通尔宝直景巨兴

特征：低冠宝脚平廓

特征：低冠宝

第二节　单点コ头通

单点コ头通共有五类：单点コ头通尔宝、单点コ头通尔勾宝、单点コ头通缶宝、单点コ头通筒宝、单点コ头通珍宝。

一、单点コ头通尔宝

单点コ头通尔宝有四小类：勾景、挑勾景、挑直景、直景。

（一）单点コ头通尔宝勾景

1. 单点コ头通尔宝勾景工兴

特征：低冠宝

2. 单点コ头通尔宝勾景勾兴

特征：弯冠宝脚平齐

特征：弯冠宝高低脚

特征：弯冠宝目平廓

特征：低俯冠宝高低脚

特征：低俯冠宝脚平齐

3. 单点コ头通尔宝勾景巨兴

特征：低冠宝脚平齐

特征：低冠宝高低脚低通底低廓

特征：大样低仰冠宝低通
参数：直径 26 毫米

特征：低冠宝高低脚低通底平廓

特征：低仰冠宝高通

特征：大样低俯冠宝低通
参数：直径 26 毫米

特征：仰冠宝平通

特征：高俯冠宝高俯头通底低廓

特征：平冠宝高通

特征：高俯冠宝高通底平廓

特征：平冠宝平通

特征：低冠宝低通底高廓

4. 单点コ头通尔宝勾景目兴

特征：低冠宝高低脚低通

特征：低俯冠宝脚平齐低通

特征：低俯冠宝低通

特征：低冠宝高低脚高通

特征：低冠宝低高脚高通

特征：平冠宝平通

5. 单点コ头通尔宝勾景挑兴

特征：低俯冠宝低通

特征：低仰冠宝低通

特征：平冠宝低通

特征：低冠宝低通

（二）单点コ头通尔宝挑勾景

1. 单点コ头通尔宝挑勾景工兴

特征：低冠宝

2. 单点コ头通尔宝挑勾景巨兴

特征：低冠宝

（三）单点コ头通尔宝挑直景

单点コ头通尔宝挑直景目兴

特征：低仰冠宝

特征：平冠宝平通

特征：平冠宝高通

（四）单点コ头通尔宝直景

1. 单点コ头通尔宝直景工兴

特征：平冠宝高俯头通

特征：低冠宝高通

特征：低冠宝高俯头通

特征：平冠宝平通

2. 单点コ头通尔宝直景勾兴

特征：低俯冠宝平通

特征：低俯冠宝高通

3. 单点コ头通尔宝直景巨兴

特征：平冠宝高通

特征：低冠宝低通

特征：低仰冠宝高通

特征：低仰冠宝平通

4. 单点コ头通尔宝直景目兴

特征：低冠宝高低脚低通

特征：低冠宝脚平齐低通

5. 单点コ头通尔宝直景挑兴

特征：平冠宝低高脚

特征：俯冠宝

特征：平冠宝目平廓

特征：低冠宝平通底平廓

特征：高冠宝

特征：低仰冠宝高通底平廓

特征：低仰冠宝高通底高廓

特征：低冠宝目平廓

特征：低冠宝脚平齐

特征：平冠宝脚平齐

特征：低冠宝平通底低廓

特征：仰冠宝

特征：平冠宝高低脚

特征：低冠宝高通底平廓

二、单点コ头通尔勾宝

单点コ头通尔勾宝有两小类：勾景、直景。

（一）单点コ头通尔勾宝勾景

1. 单点コ头通尔勾宝勾景工兴

特征：俯冠宝

2. 单点コ头通尔勾宝勾景勾兴

特征：平冠宝

特征：俯冠宝

3. 单点コ头通尔勾宝勾景巨兴

特征：大样低冠宝脚平廓
参数：直径 26 毫米

特征：低冠宝高低脚

特征：低耸肩冠宝

（二）单点コ头通尔勾宝直景

1. 单点コ头通尔勾宝直景巨兴

特征：低冠宝

2. 单点コ头通尔勾宝直景目兴

特征：低冠宝低通

特征：高俯冠宝高通底平廓

特征：高冠宝高通底低廓

特征：平冠宝低通底平廓

特征：低冠宝高通

3. 单点コ头通尔勾宝直景挑兴

特征：低仰冠宝

三、单点コ头通缶宝

单点コ头通缶宝有三小类：勾景、直景、挑勾景。

（一）单点コ头通缶宝勾景

1. 单点コ头通缶宝勾景挑兴

特征：低俯冠宝平通底高廓

特征：低冠宝低通底高廓

特征：低俯冠宝低通底低廓

特征：低冠宝低通底平廓

特征：低俯冠宝脚平廓低通底低廓

特征：仰冠宝

特征：低俯冠宝高通底低廓

特征：凹冠宝

特征：低冠宝脚平廓低通底低廓

特征：低冠宝脚平齐低通底平廓

2. 单点コ头通缶宝勾景巨兴

特征：低俯冠宝低通底低廓

特征：低冠宝高通底低廓

特征：低冠宝低通底低廓

特征：低冠宝低通底平廓

（二）单点コ头通缶宝直景

单点コ头通缶宝直景巨兴

特征：低冠宝低通

特征：大样低冠宝脚平廓

参数：直径 26 毫米

（三）单点ㄱ头通缶宝挑勾景

单点ㄱ头通缶宝挑勾景挑兴

特征：低冠宝脚平廓

四、单点ㄱ头通简宝

单点ㄱ头通简宝只有一小类：直景。

单点ㄱ头通简宝直景目兴

特征：大样低冠宝平通底低廓
参数：直径 26 毫米

特征：低冠宝低通底高廓

特征：低冠宝平通底高廓

五、单点コ头通珍宝

单点コ头通珍宝只有勾景一小类：勾景。

（一）单点コ头通珍宝勾景巨兴

特征：低凹冠宝低通底平廓

特征：低冠宝低通底平廓

特征：低冠宝脚平齐

特征：低俯冠宝低通底平廓

特征：低俯冠宝低通底低廓

特征：俯冠宝低通底低廓

特征：低凹冠宝低通底高廓

特征：低俯冠宝脚平廓低通底平廓

特征：低冠宝低通底高廓

特征：平冠宝低通底平廓

（二）单点コ头通珍宝勾景挑兴

特征：低冠宝高低脚低通底低廓

特征：低俯冠宝

特征：低耸肩冠宝

特征：低冠宝脚平廓低通底低廓

特征：低冠宝脚平廓低通底平廓

第三节　单点三角头通

单点三角头通共有五类：单点三角头通尔宝、单点三角头通尔勾宝、单点三角头通缶宝、单点三角头通贯玉宝、单点三角头通简宝。

一、单点三角头通尔宝

单点三角头通尔宝有三小类：勾景、挑勾景、直景。

（一）单点三角头通尔宝勾景

1. 单点三角头通尔宝勾景勾兴

特征：低俯冠宝

2. 单点三角头通尔宝勾景巨兴

特征：凹冠宝

特征：高俯冠宝脚平齐封底通

特征：平冠宝高通底高廓

特征：低冠宝高通底高廓

特征：高俯冠宝脚平齐

特征：平冠宝平通底平廓

特征：平冠宝高通底低廓

特征：低俯冠宝高仰头通底高廓

特征：高仰冠宝

特征：平冠宝低通底低廓

特征：低冠宝高通底平廓

特征：低俯冠宝平通

特征：高俯冠宝脚平齐扁曰景

特征：低耸肩冠宝

特征：平冠宝平通底低廓

特征：高俯冠宝高低脚扁曰景

特征：俯冠宝高通

3. 单点三角头通尔宝勾景工兴

特征：平冠宝平通底平廓

特征：低冠宝高俯头通

4. 单点三角头通尔宝勾景挑兴

特征：平冠宝

特征：仰冠宝

（二）单点三角头通尔宝挑勾景

1. 单点三角头通尔宝挑勾景巨兴

特征：仰冠宝

特征：高俯冠宝高低脚

特征：大样高俯冠宝低高脚
参数：直径 26 毫米

特征：平冠宝

2. 单点三角头通尔宝挑勾景目兴

特征：平冠宝

3. 单点三角头通尔宝挑勾景挑兴

特征：低冠宝

特征：俯冠宝

（三）单点三角头通尔宝直景

1. 单点三角头通尔宝直景勾兴

特征：高冠宝

特征：平冠宝

2. 单点三角头通尔宝直景目兴

特征：低俯冠宝

特征：高冠宝

特征：弯冠宝

3. 单点三角头通尔宝直景挑兴

特征：俯冠宝

二、单点三角头通尔勾宝

单点三角头通尔勾宝有两小类：勾景、直景。

（一）单点三角头通尔勾宝勾景

单点三角头通尔勾宝勾景勾兴

特征：高俯冠宝高通

特征：高俯冠宝平通

特征：俯冠宝

特征：平冠宝平通

特征：平冠宝仰头通

（二）单点三角头通尔勾宝直景

1. 单点三角头通尔勾宝直景勾兴

特征：平冠宝平通

特征：俯冠宝低通

特征：俯冠宝低俯头通

2. 单点三角头通尔勾宝直景目兴

特征：高冠宝

特征：平冠宝

三、单点三角头通缶宝

单点三角头通缶宝只有一小类：勾景。

单点三角头通缶宝勾景勾兴

特征：平冠宝

四、单点三角头通贯玉宝

单点三角头通贯玉宝只有一小类：直景。

单点三角头通贯玉宝直景目兴

特征：低冠宝低通底低廓

特征：低冠宝低通底高廓

特征：低冠宝低通底平廓

特征：低仰冠宝低通底平廓

五、单点三角头通简宝

单点三角头通简宝有两小类：挑直景、直景。

（一）单点三角头通简宝挑直景

单点三角头通简宝挑直景目兴

特征：低俯冠宝低通底平廓

特征：低俯冠宝低通底低廓

特征：低冠宝低通底低廓

（二）单点三角头通简宝直景

1. 单点三角头通简宝直景目兴

特征：低俯冠宝低通底低廓

特征：低冠宝

特征：低俯冠宝低通底平廓

2. 单点三角头通简宝直景挑兴

特征：仰冠宝

第四节　单点夕头通

单点夕头通共有五类：单点夕头通尔宝、单点夕头通尔勾宝、单点夕头通缶宝、单点夕头通贯玉宝、单点夕头通简宝。

一、单点夕头通尔宝

单点夕头通尔宝有四小类：勾景、挑勾景、挑直景、直景。

（一）单点夕头通尔宝勾景

1. 单点夕头通尔宝勾景工兴

特征：高俯冠宝高低脚

特征：俯冠宝通点低廓

特征：俯冠宝通点平廓

特征：高俯冠宝脚平齐

特征：俯冠宝通点高廓

2. 单点夕头通尔宝勾景巨兴

特征：平冠宝

特征：低仰冠宝

特征：高冠宝

3. 单点夕头通尔宝勾景目兴

特征：低冠宝

特征：俯冠宝高低脚

特征：低俯冠宝高通底低廓点平廓

特征：低俯冠宝高通底低廓点低廓

特征：俯冠宝低高脚

4. 单点夕头通尔宝勾景挑兴

特征：低俯冠宝高低脚

特征：低冠宝

特征：低俯冠宝脚平齐挑目兴

特征：高冠宝

特征：俯冠宝高通底平廓

特征：高俯冠宝脚平廓

特征：低凹冠宝

特征：高俯冠宝目平廓

特征：低俯冠宝脚平齐挑工兴

（二）单点夕头通尔宝挑勾景

1. 单点夕头通尔宝挑勾景工兴

特征：低俯冠宝

特征：高俯冠宝高低脚

特征：高俯冠宝脚平齐

2. 单点夕头通尔宝挑勾景挑兴

特征：低冠宝

特征：低俯冠宝脚平齐

特征：低俯冠宝高低脚

特征：高冠宝高低脚

特征：高冠宝脚平齐

特征：低俯冠宝高仰头通

特征：弯冠宝

特征：高俯冠宝高通底平廓

特征：左挑景

特征：高俯冠宝高通底低廓

特征：高俯冠宝平通底低廓

3. 单点夕头通尔宝挑勾景勾兴

特征：行书

（三）单点夕头通尔宝挑直景

单点夕头通尔宝挑直景勾兴

特征：平冠宝阔贝

特征：平冠宝窄贝

（四）单点夕头通尔宝直景

单点夕头通尔宝直景勾兴

特征：高冠宝

特征：仰冠宝

特征：平冠宝

二、单点夕头通尔勾宝

单点夕头通尔勾宝有两小类：勾景、直景。

（一）单点夕头通尔勾宝勾景

1. 单点夕头通尔勾宝勾景工兴

特征：平冠宝

特征：高俯冠宝平通底低廓

特征：高俯冠宝平通底平廓

特征：高俯冠宝窄贝平通底低廓

2. 单点夕头通尔勾宝勾景巨兴

特征：低冠宝

3. 单点夕头通尔勾宝勾景挑兴

特征：低弯冠宝

特征：仰冠宝

特征：高俯冠宝

特征：低俯冠宝

（二）单点夕头通尔勾宝直景

1. 单点夕头通尔勾宝直景工兴

特征：高冠宝

2. 单点夕头通尔勾宝直景目兴

特征：高冠宝

三、单点夕头通缶宝

单点夕头通缶宝只有一小类：直景。

单点夕头通缶宝直景挑兴

特征：低冠宝

四、单点夕头通贯玉宝

单点夕头通贯玉宝只有一小类：勾景。

单点夕头通贯玉宝勾景目兴

特征：低冠宝低通底平廓

特征：低冠宝低通底高廓

特征：低俯冠宝平通底高廓

五、单点夕头通简宝

单点夕头通简宝只有一小类：勾景。

单点夕头通简宝勾景工兴

特征：低冠宝高通

特征：低冠宝平通

特征：低俯冠宝

第十一章　双点通

双点通共有四大类：双点7头通、双点コ头通、双点三角头通、双点夕头通。

第一节　双点7头通

双点7头通共有两类：双点7头通尔宝、双点7头通尔勾宝。

一、双点7头通尔宝

双点7头通尔宝有两小类：直景、挑勾景。

（一）双点7头通尔宝直景

双点7头通尔宝直景工兴

特征：俯冠宝

特征：低冠宝

特征：低俯冠宝

（二）双点7头通尔宝挑勾景

双点7头通尔宝挑勾景挑兴

特征：高俯冠宝

二、双点7头通尔勾宝

双点7头通尔勾宝勾景工兴

特征：平冠宝

第二节　双点コ头通

双点コ头通共有三类：双点コ头通尔宝、双点コ头通尔勾宝、双点コ头通缶宝。

一、双点コ头通尔宝

双点コ头通尔宝有四小类：勾景、挑勾景、挑直景、直景。

（一）双点コ头通尔宝勾景

1. 双点コ头通尔宝勾景工兴

特征：低冠宝脚高廓低通

特征：低冠宝高低脚低通

特征：低冠宝脚高廓低俯头通

特征：低俯冠宝低通底低廓

特征：高凹冠宝低通底平廓

特征：平冠宝平通

特征：平冠宝高通

特征：高凹冠宝低通底低廓

特征：高俯冠宝低通底低廓

特征：高俯冠宝低通底平廓

特征：低俯冠宝低通底平廓

2. 双点コ头通尔宝勾景巨兴

特征：低冠宝

特征：俯冠宝

特征：高凹冠宝

特征：仰冠宝

3. 双点コ头通尔宝勾景目兴

特征：低冠宝高低脚

特征：低冠宝脚平齐

特征：平冠宝高低脚

特征：低俯冠宝

特征：高俯冠宝

4. 双点コ头通尔宝勾景挑兴

特征：低冠宝低通

特征：平冠宝平通

特征：高俯冠宝脚平齐

特征：低俯冠宝

特征：俯冠宝

特征：平冠宝高仰头通

特征：低冠宝仰头通

特征：平冠宝高俯头通

特征：低冠宝高通

特征：高俯宝目平廓

（二）双点コ头通尔宝挑勾景

1. 双点コ头通尔宝挑勾景工兴

特征：低俯冠宝

特征：低冠宝平通底平廓

特征：低冠宝高通

特征：低冠宝平通底低廓

特征：高冠宝俯头通

特征：平冠宝低通

特征：耸肩冠宝

特征：高冠宝低通

特征：平冠宝高通

特征：高冠宝高俯头通

特征：仰冠宝

特征：平冠宝高俯头通

特征：俯冠宝高俯头通底平廓

特征：俯冠宝高俯头通底低廓

特征：俯冠宝俯头通底平廓

特征：俯冠宝低通底平廓

特征：高俯冠宝低通底低廓

2. 双点コ头通尔宝挑勾景目兴

特征：低冠宝低通底平廓

特征：低冠宝低俯头通底高廓

特征：低冠宝俯头通底低廓

特征：低俯冠宝高低脚高通

特征：低冠宝平通底平廓

特征：低冠宝弯头通底平廓

特征：低冠宝弯头通底高廓

特征：低冠宝弯头通底低廓

特征：低俯冠宝脚平廓平通

特征：高俯冠宝高低脚

特征：低俯冠宝脚平齐高通

特征：低俯冠宝脚平廓俯头通

特征：低俯冠宝脚平廓弯头通

特征：高凹冠宝

特征：平冠宝俯头通底平廓

特征：高俯冠宝脚平齐

特征：高仰冠宝

特征：高冠宝

特征：低俯冠宝目平廓高通

特征：平冠宝平通底低廓

3. 双点コ头通尔宝挑勾景挑兴

特征：低弯冠宝

特征：低俯冠宝

特征：高俯冠宝

特征：平冠宝脚平廓高弯头通

特征：低冠宝

（三）双点コ头通尔宝挑直景

1. 双点コ头通尔宝挑直景工兴

特征：低冠宝平通底平廓

特征：低冠宝仰头通底平廓

特征：低冠宝平通底低廓

特征：低俯冠宝

特征：高冠宝

特征：大样平冠宝
参数：直径 26 毫米

特征：俯冠宝

2. 双点コ头通尔宝挑直景目兴

特征：低凹冠宝

特征：低俯冠宝

特征：低弯冠宝

特征：低冠宝平通

特征：低仰冠宝高低脚

特征：仰冠宝

特征：平冠宝

特征：俯冠宝

特征：低冠宝高通

特征：高仰冠宝

特征：低仰冠宝脚平齐

3. 双点コ头通尔宝挑直景挑兴

特征：低冠宝高通底低廓

特征：高冠宝高通底高廓

特征：平冠宝脚平齐

特征：俯冠宝目平廓

特征：高冠宝高通底低廓

特征：俯冠宝脚平齐

特征：平冠宝高低脚

（四）双点コ头通尔宝直景

1. 双点コ头通尔宝直景勾兴

特征：低冠宝高低脚

特征：低冠宝脚平齐

特征：平冠宝左勾兴

2. 双点コ头通尔宝直景目兴

特征：平冠宝

特征：高凹冠宝

特征：俯冠宝

特征：高冠宝

特征：高俯冠宝

3. 双点コ头通尔宝直景挑兴

特征：低俯冠宝高通

特征：低冠宝低高脚平通

特征：低冠宝高通

特征：低冠宝低通

特征：低冠宝低仰头通

特征：低仰冠宝低通

特征：低仰冠宝高仰头通

特征：俯冠宝平通

特征：低冠宝脚平齐平通

特征：凹冠宝

特征：俯冠宝脚平廓平通

特征：低冠宝高俯头通

特征：低俯冠宝高仰头通

特征：俯冠宝弯头通

特征：低俯冠宝高俯头通

特征：平冠宝脚平齐平通

特征：低冠宝低弯头通

特征：仰冠宝平通

特征：仰冠宝高通

特征：平冠宝高低脚

特征：低冠宝目平廓平通底低廓

特征：平冠宝脚平齐高通底低廓

特征：俯冠宝平通

二、双点コ头通尔勾宝

双点コ头通尔勾宝有三小类：勾景、挑勾景、直景。

（一）双点コ头通尔勾宝勾景

1. 双点コ头通尔勾宝勾景工兴

特征：低冠宝

特征：高凹冠宝脚平廓

特征：高凹冠宝脚高廓

特征：高冠宝

特征：高凹冠宝脚低廓

特征：高俯冠宝

特征：低俯冠宝

2. 双点ㄱ头通尔勾宝勾景巨兴

特征：低冠宝

3. 双点ㄱ头通尔勾宝勾景目兴

特征：低俯冠宝

特征：低冠宝低通

特征：低冠宝高俯头通

特征：低冠宝俯头通

特征：低凹冠宝目平廓

特征：低凹冠宝目低廓

（二）双点コ头通尔勾宝挑勾景

双点コ头通尔勾宝挑勾景挑兴

特征：平冠宝

（三）双点コ头通尔勾宝直景

1. 双点コ头通尔勾宝直景工兴

特征：低仰冠宝

特征：俯冠宝

2. 双点コ头通尔勾宝直景目兴

特征：低俯冠宝

特征：仰冠宝低通

特征：低冠宝低通

特征：低仰冠宝

特征：低冠宝目平廓低通

特征：高仰冠宝

特征：高冠宝

特征：仰冠宝平通

特征：高俯冠宝

特征：俯冠宝高仰头通

特征：平冠宝

特征：大样俯冠宝高俯头通
参数：直径 26.1 毫米

特征：低冠宝高仰头通

3. 双点コ头通尔勾宝直景挑兴

特征：平冠宝

三、双点コ头通缶宝

双点コ头通缶宝只有一小类：勾景。

双点コ头通缶宝勾景工兴

特征：低冠宝仰头通底高廓

特征：低冠宝仰头通底低廓

特征：低俯冠宝平通底低廓

第三节　双点三角头通

双点三角头通有四类：双点三角头通尔宝、双点三角头通尔勾宝、双点三角头通缶宝、双点三角头通缶勾宝。

一、双点三角头通尔宝

双点三角头通尔宝有三小类：勾景、挑勾景、直景。

（一）双点三角头通尔宝勾景

1. 双点三角头通尔宝勾景工兴

特征：低冠宝高通

特征：平冠宝脚平齐平通

特征：高俯冠宝

2. 双点三角头通尔宝勾景巨兴

特征：低冠宝低高脚

特征：低冠宝高低脚

特征：平冠宝脚平齐平通

特征：凹冠宝

特征：平冠宝脚平廓平通

特征：低冠宝脚平齐

特征：俯冠宝高通

特征：平冠宝脚平齐低通

特征：俯冠宝低通

特征：低冠宝高通

特征：仰冠宝

特征：俯冠宝平通

3. 双点三角头通尔宝勾景挑兴

特征：俯冠宝

特征：平冠宝

特征：高俯冠宝

（二）双点三角头通尔宝挑勾景

1. 双点三角头通尔宝挑勾景工兴

特征：高凹冠宝

特征：高冠宝

特征：俯冠宝

特征 : 低冠宝

2. 双点三角头通尔宝挑勾景巨兴

特征：仰冠宝

3. 双点三角头通尔宝挑勾景目兴

特征：低冠宝

特征：高冠宝

特征：平冠宝

4. 双点三角头通尔宝挑勾景挑兴

特征：高冠宝

（三）双点三角头通尔宝直景

双点三角头通尔宝直景巨兴

特征：平冠宝

二、双点三角头通尔勾宝

双点三角头通尔勾宝有两小类：勾景、直景。

（一）双点三角头通尔勾宝勾景

双点三角头通尔勾宝勾景工兴

特征：高冠宝

特征：高俯冠宝

特征：俯冠宝

特征：平冠宝

（二）双点三角头通尔勾宝直景

双点三角头通尔勾宝直景巨兴

特征：高冠宝

三、双点三角头通缶宝

双点三角头通缶宝只有一小类：勾景。

双点三角头通缶宝勾景工兴

特征：低俯冠宝脚平齐平通底低廓

特征：低冠宝高低脚高通

特征：低冠宝脚平齐弯头通

特征：低俯冠宝高低脚低通

特征：低冠宝高低脚平通底低廓

特征：低冠宝脚平廓

特征：俯冠宝脚平齐平通底高廓

特征：低冠宝脚平齐平通

特征：低俯冠宝高低脚平通

特征：低凹冠宝高通

特征：低凹冠宝平通

特征：低冠宝高低脚平通底平廓

特征：低冠宝脚平齐低通

四、双点三角头通缶勾宝

双点三角头通缶勾宝只有一小类：勾景。

双点三角头通缶勾宝勾景工兴

特征：低冠宝高仰头通

第四节 双点夕头通

双点夕头通有两类：双点夕头通尔宝、双点夕头通尔勾宝。

一、双点夕头通尔宝

双点夕头通尔宝有三小类：勾景、挑勾景、挑直景。

（一）双点夕头通尔宝勾景

1. 双点夕头通尔宝勾景工兴

特征：低俯冠宝

特征：低仰冠宝低通底低廓

特征：低仰冠宝低通底平廓

特征：低冠宝低通底低廓

特征：高冠宝

特征：平冠宝

特征：低冠宝低通底平廓

特征：俯冠宝

2. 双点夕头通尔宝勾景目兴

特征：高冠宝

3. 双点夕头通尔宝勾景挑兴

特征：低俯冠宝

特征：高俯冠宝

（二）双点夕头通尔宝挑勾景

1. 双点夕头通尔宝挑勾景工兴

特征：低冠宝低通底平廓

特征：低冠宝低通底高廓

特征：低冠宝低通底低廓

特征：高俯冠宝

特征：低俯冠宝

特征：弯冠宝

特征：弯冠宝扁曰景

2. 双点夕头通尔宝挑勾景勾兴

特征：俯冠宝平通

特征：俯冠宝低通

3. 双点夕头通尔宝挑勾景挑兴

特征：俯冠宝高低脚仰头通

特征：俯冠宝脚平齐低通底平廓

特征：低冠宝高低脚低通底平廓

特征：低冠宝脚平齐低通底低廓

特征：高俯冠宝脚平齐高通扁曰景

特征：高俯冠宝高低脚高通底低廓

特征：高冠宝通点低廓

特征：高冠宝通点高廓

特征：高冠宝通点平廓

特征：俯冠宝目平廓高通底低廓

特征：高俯冠宝高低脚高仰头通

特征：平冠宝低高脚

特征：平冠宝高低脚

特征：低耸肩冠宝

特征：俯冠宝高低脚高弯头通

特征：平冠宝脚平齐

特征：俯冠宝高低脚平通

特征：俯冠宝高低脚高通

特征：高俯冠宝高低脚高通底高廓

特征：高耸肩冠宝

特征：高俯冠宝脚平齐低通

特征：高俯冠宝脚平齐高通

特征：高凹冠宝

特征：高俯冠宝高低脚高通点平廓

特征：高俯冠宝高低脚高通底平廓

特征：高俯冠宝高低脚高通点高廓

（三）双点夕头通尔宝挑直景

双点夕头通尔宝挑直景工兴

特征：俯冠宝脚平齐平通底平廓

二、双点夕头通尔勾宝

双点夕头通尔勾宝有四小类：勾景、挑勾景、直景、挑直景。

（一）双点夕头通尔勾宝勾景

1. 双点夕头通尔勾宝勾景工兴

特征：俯冠宝平通底平廓

特征：低冠宝平通底低廓

特征：低冠宝平通底平廓

特征：高俯冠宝高通底平廓

特征：凹冠宝低通底低廓

特征：平冠宝平通底平廓

特征：俯冠宝平通底平廓

特征：高俯冠宝平通底低廓点平廓

特征：平冠宝平通底高廓

特征：平冠宝高通底平廓

特征：俯冠宝高通底高廓

特征：低俯冠宝低通底低廓

特征：平冠宝平通底低廓

特征：高俯冠宝低通底低廓

特征：高俯冠宝低通底低廓

特征：俯冠宝平通底低廓

特征：俯冠宝高通底低廓

特征：俯冠宝高通底平廓

特征：俯冠宝低通底平廓

2. 双点夕头通尔勾宝勾景巨兴

特征：平冠宝高通底低廓

3. 双点夕头通尔勾宝勾景目兴

特征：平冠宝高通底低廓

特征：平冠宝平通底低廓

特征：俯冠宝低通底高廓

特征：弯冠宝平通底低廓

特征：俯冠宝高通底平廓

特征：低俯冠宝平通底平廓

特征：低俯冠宝平通底高廓

特征：凹冠宝低通底低廓

特征：低俯冠宝高通底平廓

4. 双点夕头通尔勾宝勾景挑兴

特征：低仰冠宝高通底平廓

特征：低冠宝高通底低廓

特征：高冠宝平通底低廓

特征：高凹冠宝高通底低廓

特征：俯冠宝低通底平廓

特征：高俯冠宝高通底平廓

特征：低俯冠宝低通底高廓

特征：低俯冠宝低通底平廓

特征：俯冠宝高通底高廓

特征：低俯冠宝平通底低廓

特征：平冠宝平通底高廓

（二）双点夕头通尔勾宝挑勾景

1. 双点夕头通尔勾宝挑勾景工兴

特征：低冠宝低通底平廓

特征：高弯冠宝高通底低廓

2. 双点夕头通尔勾宝挑勾景挑兴

特征：低俯冠宝低通底平廓

特征：凹冠宝低通底低廓

特征：俯冠宝低通底平廓

（三）双点夕头通尔勾宝直景

1. 双点夕头通尔勾宝直景工兴

特征：低俯冠宝

特征：俯冠宝高通

特征：俯冠宝低通底平廓

特征：平冠宝平通底低廓

2. 双点夕头通尔勾宝直景目兴

特征：低冠宝高通底高廓

特征：俯冠宝平通

特征：俯冠宝低通

特征：低俯冠宝

（四）双点夕头通尔勾宝挑直景

双点夕头通尔勾宝挑直景巨兴

特征：高弯冠宝高通底平廓

特征：高弯冠宝高通底低廓

特征；高俯冠宝

特征：高仰冠宝

特征：高弯冠宝平通底低廓

特征：高凹冠宝

第十二章　三横通

三横通为隶书体，版式不多，有两大类：三横7头通、三横コ头通。

第一节　三横7头通

三横7头通只有双王宝一类。
三横7头通双王宝挑直景挑兴

特征：低冠宝脚平廓

特征：低冠宝脚低廓

第二节　三横コ头通

三横コ头通只有双王宝一类。三横コ头通双王宝有两小类：直景、挑直景。

一、三横コ头通双王宝直景

（一）三横コ头通双王宝直景工兴

特征：低圆冠宝高低脚低通儿脚兴

特征：低圆冠宝脚平廓低俯头通脚左高中低右平廓

特征：低冠宝高低脚平通

特征：低圆冠宝低高脚低通

特征：低仰冠宝低高脚低通

特征：低圆冠宝高低脚低通八字脚兴

特征：圆冠宝低高脚

特征：低圆冠宝脚平齐低俯头通

特征：仰冠宝脚平廓

特征：仰冠宝高低脚

特征：俯冠宝低高脚

特征：俯冠宝高低脚

特征：低圆冠宝脚平廓低通脚平廓

特征：低圆冠宝脚平齐低通脚左平中右低廓

特征：仰圆冠宝脚平廓

特征：低冠宝脚平齐平通

特征：低冠宝低高脚低通

特征：低圆冠宝脚平齐低通脚左低中平右高廓

特征：低仰冠宝低高脚平通

特征：低仰冠宝阔贝脚平齐

特征：低圆冠宝脚平齐低通脚左中低右平廓

特征：低冠宝高低脚低通

特征：低仰冠宝窄贝脚平齐

特征：圆冠宝脚平廓

特征：低圆冠宝脚平廓低俯头通脚左高中右低廓

特征：平冠宝高低脚低通脚低廓

特征：俯圆冠宝脚平齐

（二）三横コ头通双王宝直景目兴

特征：低耸肩冠宝脚平廓

特征：低圆冠宝高低脚

特征：低圆冠宝脚平齐低通脚低廓

特征：低圆冠宝脚平齐低通脚高廓

（三）三横コ头通双王宝直景挑兴

特征：低俯冠宝脚平齐高通

特征：低俯冠宝脚平廓

特征：低冠宝低高脚

特征：低俯圆冠宝

特征：圆冠宝高低脚

特征：低冠宝脚平齐

二、三横コ头通双王宝挑直景

（一）三横コ头通双王宝挑直景工兴

特征：低俯冠宝低高脚

特征：低俯冠宝脚平廓

特征：低圆冠宝脚平齐

（二）三横コ头通双王宝挑直景目兴

特征：省笔兴

（三）三横コ头通双王宝挑直景挑兴

特征：低俯冠宝低仰头通

特征：低俯冠宝低通

第十三章　连点通

连点通共有四大类：连点7头通、连点コ头通、连点三角头通、连点夕头通。

第一节　连点7头通

连点7头通有两类：连点7头通尔宝、连点7头通尔勾宝。

一、连点7头通尔宝

连点7头通尔宝只有一小类：直景。
连点7头通尔宝直景目兴

特征：省笔兴

二、连点7头通尔勾宝

连点7头通尔勾宝只有一小类：勾景。
连点7头通尔勾宝勾景目兴

特征：行草低冠宝
参数：直径 23.8 毫米，厚 0.8 毫米，重 2.7 克

第二节　连点コ头通

连点コ头通只有一类：连点コ头通尔宝。
连点コ头通尔宝只有一小类：勾景。
连点コ头通尔宝勾景工兴

特征：高俯冠宝

第三节　连点三角头通

连点三角头通只有一类：连点三角头通尔宝。
连点三角头通尔宝有两小类：挑直景、直景。

一、连点三角头通尔宝挑直景

连点三角头通尔宝挑直景巨兴

特征：高冠宝

二、连点三角头通尔宝直景

（一）连点三角头通尔宝直景巨兴

特征：平冠宝

特征：低仰冠宝

（二）连点三角头通尔宝直景目兴

特征：低仰冠宝

特征：低冠宝脚平齐

特征：弯冠宝

特征：平冠宝目平廓平通

特征：低冠宝目平廓

特征：高弯冠宝

特征：低冠宝高低脚

特征：平冠宝目平廓高俯头通

特征：高冠宝

特征：仰冠宝脚平齐

特征：仰冠宝高低脚平通

特征：仰冠宝高低脚高通

第四节 连点夕头通

连点夕头通只有一小类：直景。
连点夕头通尔宝直景工兴

特征：低冠宝低高脚

特征：低冠宝高低脚平通

特征：低冠宝高低脚高通

第十四章　己字通

己字通为篆书体，版式不多，只有一类。
己字コ头通长冠宝直景工兴

特征：低冠宝脚平廓

特征：低冠宝高低脚平通

特征：低冠宝低高脚

特征：低冠宝高低脚低通脚左平中右高廓

特征：低冠宝脚高廓低通脚左中平右低廓

特征：低冠宝脚高廓低通脚左中高右平廓

特征：高冠宝脚平廓低通脚左中低右高廓

特征：高冠宝脚高廓低通脚低廓己高

特征：高仰冠宝

特征：高冠宝脚平廓平通

特征：高冠宝脚高廓低通脚左中低右平廓

特征：高冠宝脚平廓低通脚左中平右高廓

特征：平冠宝脚高廓低通脚高廓

特征：高冠宝脚高廓低通脚左低中右平廓

特征：平冠宝脚高廓低通脚平廓

特征：平冠宝脚高廓低通脚低廓

越南景兴钱

特征：高冠宝脚高廓低通脚低廓己平

特征：平冠宝脚平廓低通

特征：低冠宝高低脚高通脚左中平右高廓

特征：低冠宝高低脚高通脚左右平中低廓

特征：低冠宝高低脚低通脚左中低右平廓

第十五章　彐字通

彐字通为篆书体，版式不多，有两大类：彐字コ头通、彐字口头通。

第一节　彐字コ头通

彐字コ头通只有一类：彐字コ头通长冠宝。
彐字コ头通长冠宝有两小类：勾景、直景。

一、彐字コ头通长冠宝勾景

彐字コ头通长冠宝勾景工兴

特征：低冠宝脚平齐平通

特征：低冠宝高低脚低通底平廓

特征：低冠宝脚平廓

特征：平冠宝

特征：低仰冠宝

特征：低冠宝脚平齐低通

特征：俯冠宝

特征：高冠宝

特征：低冠宝高低脚低通底高廓

二、彐字コ头通长冠宝直景

（一）彐字コ头通长冠宝直景工兴

特征：平冠宝脚平齐

特征：平冠宝脚高廓

特征：平冠宝脚平廓

特征：仰冠宝

特征：低冠宝脚平齐

特征：低冠宝高低脚

特征：高冠宝

特征：平冠宝低高脚

（二）彐字コ头通长冠宝直景挑兴

特征：低俯冠宝

特征：平冠宝

第二节　彐字口头通

彐字口头通只有一类：彐字口头通长冠宝。
彐字口头通长冠宝只有一小类：直景。

一、彐字口头通长冠宝直景工兴

特征：低冠宝

特征：仰冠宝

二、彐字口头通长冠宝直景目兴

特征：低冠宝脚平齐高通

特征：俯冠宝低高脚

特征：俯冠宝脚平廓

特征：低冠宝低高脚

特征：俯冠宝脚平齐

特征：低冠宝脚平齐平通

特征：高冠宝脚平齐高通底高廓

特征：高冠宝脚平齐高通底低廓

特征：高冠宝低高脚

特征：高俯冠宝

特征：高冠宝脚平廓高通底高廓

特征：高冠宝脚平廓高通底高廓单竖口

特征：高仰冠宝

特征：平冠宝高低脚

特征：平冠宝脚平廓平通

特征：平冠宝脚平廓高通

特征：俯冠宝

特征：平冠宝脚平齐

特征：高冠宝高低脚

三、彐字口头通长冠宝直景勾兴

特征：高俯冠宝

特征：高冠宝脚平齐

特征：高冠宝高低脚

参考文献

[1]（越）吴士连，等. 大越史记全书[M]. 东京：东京大学东洋文化研究所，1984—1986.

[2]（越）范廷琥. 雨中随笔[M]//越南汉文小说丛刊（第二辑）. 台北：台湾学生书局，1992.

[3] 袁运福. 略论越南历史上的莫朝[D]. 郑州：郑州大学硕士论文，1998.

[4] 无名氏. 南天珍异集[M]//越南汉文小说丛刊（第二辑）. 台北：台湾学生书局，1992.

[5] 明史[M]. 北京：中华书局，1974.

[6]（越）阮祐. 高平实录[Z]. 越汉喃研究院藏本，1810.

[7]（越）陈重金. 越南通史[M]. 北京：商务印书馆，1992.

[8] 清实录[M]. 北京：中华书局，1985.

[9]（越）范安甫. 高平记略[Z]. 越汉喃研究院藏本，[年份不详].

[10] 陈荆和，朱舜水.《安南供役纪事》笺注[J]. 香港中文大学中国文化研究所学报，1968.

[11]（越）黎成麟. 莫朝年表[J]. 汉喃杂志，1997（1）.

[12] 台湾中央研究院历史语言研究所.《明清史料》庚编：第一册[M]. 北京：中华书局影印，1985.

[13] 丁福保. 古钱大辞典[M]. 北京：中华书局，1984.

[14]（日）三浦吾泉. 安南泉谱[M]. [出版者不详]：渡边印刷株式会社，1963.

[15]（法）帝兹·拉先华. 安南古币学[M]. [出版者不详]，1990.

[16]（越）杜文宁. 越南古钱币[M]. [出版者不详]，1992.

[17] 云南省钱币研究会，广西钱币学会. 越南历史货币[M]. 北京：中国金融出版社，1993.

后 记

20世纪80年代初，大量的越南古钱通过边境贸易涌入广西。广西泉友在集藏和研究中发现，越南古钱中有一种钱币很特殊，其数量和版式多且繁杂，特别是书法更杂乱，这就是泉界研究越南钱币所提及的“景兴钱现象”，从而引起泉界特别是广西等地钱币收藏爱好者的重视。

广西钱币学会、广西金融学会一直将“越南景兴钱研究”作为重要的研究课题，2001年提出对越南景兴钱进行研究，2004年3月课题立项，成立了由邵广华、彭强华、祁兵、邓克、陈积兆等人组成的课题组，经过大量的收集、整理、分类、鉴别、记录、拍摄、编辑等工作，于2015年3月完成初稿。

2015年8月，由祁兵、邓克在初稿的基础上进行修改补充，10月交稿。后由邵广华、彭强华、祁兵、邓克、张达定、陈积兆、林集、梁绍甫等人进行进一步的调整和修改，于2016年1月完成送审稿，同年3月召开课题初审会，确定书稿方案。

2018年以后，广西钱币学会想方设法将已有研究成果转化为公开出版的专著，因种种原因，未能如愿。2023年10月，广西钱币学会会长唐剑冰决定重启该书的出版发行工作，组成由黄正亮、彭强华任总纂，邓克、张达定任编撰的编委会，再次进行完善和修改。特别值得一提的是，本书虽然几易其稿，历时已久，但广大关心此书的领导和会员不言放弃，同时此书得到了中国人民银行广西壮族自治区分行行长、广西金融学会会长陈晋祥的高度重视。2020年12月，中国钱币学会东南亚货币研究中心秘书处在广西钱币学会挂牌，中国钱币学会在东南亚货币研究方面一直给予广西钱币学会大力指导和支持，也谨以此书，向中国钱币学会汇报在东南亚货币研究方面所取得的成果。在各方的共同努力下，2024年5月《越南景兴钱》一书完成编撰，交付中国金融出版社出版发行。

本书从确定课题到出书历时二十多年，在撰写过程中得到了中国钱币博物馆学会秘书部主任、中国钱币学会副秘书长杨君，人民银行广西壮族自治区分行历任行长的重视和关心，广西钱币学会历任会长以及副会长的支持，还得到广西民族大学以及柳州、桂林、梧州、玉林等钱币学会的协助，在此表示衷心感谢。在编撰过程中，我们还专门到广东省钱币学会看望和请教了钱币专家王贵忱老先生，并得到广西民族大学越南历史专家范宏贵教授、刘志强教授的悉心指导和帮助，在此一并表示感谢。

同时，对提供实物和图片资料的祁兵、陈积兆、邓克、邝卫森、张达定、梁绍甫、林集等表示感谢。

为编撰此书，尽管我们作了长达十多年的研究，尽了最大的努力，但由于越南史料极其匮乏，加之我们水平有限，越南景兴钱的研究还有许多“不解之谜”待考，本书的编写也还存在许多不足之处，我们恳切地希望有识之士给予批评指正。

编委会

2024年6月